아들키우기,
왜 이렇게 힘들까

OTOKO NO KO NO SHITSUKE NI NAYANDARA YOMU HON
Copyright ⓒ 2010 Ichiro Harasaka
Korean translation rights arranged with SUBARUSYA LINKAGE co, Ltd, Tokyo
through Korea Copyright Center, Inc., Seoul

이 이 책은 (주)한국저작권센터(KCC)를 통한 저작권자와의 독점계약으로 (주)리스컴에서 출간되었습니다.
저작권법에 의해 한국 내에서 보호를 받는 저작물이므로 무단전재와 복제를 금합니다.

속 터지는 엄마 말 안듣는 아들

아들 키우기,
왜 이렇게 힘들까

하라사카 이치로 지음

들어가며

아이들은 누구나 머릿속으로 하루에 수백 가지 생각을 합니다. 다섯 살짜리 아이는 물론 한 살짜리 아기도 마찬가지입니다. 머릿 속으로 많은 생각을 하는 건 어른도 똑같지만 아이가 어른과 다른 점은 그 생각을 입 밖으로 내지 못한다는 사실입니다.

사실 나에게는 오래전부터 아이들의 마음의 소리가 들리는 신기한 능력이 있습니다. 거짓말같이 들리겠지만 정말입니다. 그래서 어린이집 교사라는 길을 선택했습니다.

그동안 아이들을 돌봐오면서 그들의 마음의 소리를 들어보면, 아이들이 하고 싶은 말이 정말 많다는 걸 알 수 있었습니다. 만약 세 살짜리 아이에게 하고 싶은 말을 마음껏 하도록 자리를 마련해준다면 그 이야기를 들은 어른들은 느끼는 게 정말 많을 겁니다. 어쩌면 반성과 후회로 눈물을 펑펑 흘릴지도 모릅니다.

그래서 아이들의 목소리를 들을 수 있는 내가 그 아이들을 대신

해서 그들의 목소리를 전하려고 합니다.

아이들 중에서도 특히 더 그 목소리를 대변해주고 싶었던 것이 남자아이입니다. 가엾게도 남자아이들은 여자아이보다도 훨씬 이해받지 못하는 듯 보입니다. 남자아이들이 하는 이야기는 예를 들면 이런 내용입니다.

"엄마, 그렇게 화내지 마세요"

"내 행동이 그렇게 엄마를 힘들게 했어요?"

"날 가르치는 게 그렇게 중요해요?"

나에게 들리는 이야기들을 남자아이들을 대신해서 글로 적어보았습니다. 남자아이들의 마음으로 써보았으니 부디 귀 기울여 주시길 바랍니다.

하라사카 이치로

차례

들어가며 4

아들 키우기가 왜 이렇게 힘들까?

'아휴', '진짜!', '아~' 아들 키우는 엄마의 비명 18

왜 이런 짓만 할까? 22

· 남자아이의 10가지 특징 23

아들 키우기가 힘든 이유 28

남자아이의 특성을 이해하면 마음이 편해진다 32

남자아이는 엄하게 다루지 않으면 안 된다? 38

야단치지 않아도 훈육할 수 있다 42

포기하지 말고 계속해서 가르치면 아이는 달라진다 46

Q&A 남자아이의 이런 점이 힘들어요!

- 아이가 침착하지 않고 가만히 있지를 못해요 36
- 항상 위험한 행동을 해서 하루하루가 불안해요 48

2장

아이의 행동을 바꾸는 남자아이 맞춤 교육

행동이 극적으로 바뀌는 '야단치지 않는' 교육 52

  1) 인내심을 갖고 백 번이라도 가르친다 54

  2) 안 했을 때 야단치기보다 했을 때 칭찬을 한다 58

  3) 매로 가르치지 않는다 64

  4) 해야 하는 행동을 구체적으로 말해준다 67

  5) 평소의 목소리로 야단친다 74

  6) 벌로 협박하지 않는다 77

  7) 하루에 30번 아이를 웃게 만든다 84

Q&A 남자아이의 이런 점이 힘들어요!

- 행동이 거칠고, 친구를 때리기도 하고, 물건을 잘 던져요 62
- 예절을 모르는 아이로 자랄까봐 걱정이에요 82

3장 부모가 5%만 변해도 아이는 50% 변한다

엄마의 아주 작은 변화로 아이는 크게 달라진다 90

포기하면 육아에 여유가 생긴다 92

첫마디는 칭찬으로, 지적은 그다음에 95

'엄마는 우리 아들을 아주 많이 사랑한다'는 말에 안심한다 99

10초만 호기심을 만족시켜주면 아이는 차분해진다 102

작은 소원을 많이 이루어주면 아이는 행복하다 106

엄마만큼 아이를 생각하는 사람은 없다 112

3가지만 갖추면 육아는 반드시 성공! 116

아이는 엄마의 웃는 얼굴을 기다린다 122

Q&A 남자아이의 이런 점이 힘들어요!

- 요구를 들어주지 않으면 금세 짜증을 부려요 110
- 몇 번을 말해도 고쳐지지 않아요 124

체크해보세요

- 아이를 행복하게 만드는 엄마와 아이의 관계 118
- 육아의 기본, 엄마의 개념 지수 120

4장

아들 키우는 재미가 따로 있다!

아들 키우는 엄마만 맛볼 수 있는 행복 128

아들은 엄마가 모르는 세상을 보여준다 130

군말 없이 따라주는 아들이 편하다 135

남자아이로 성장하는 것을 지켜보는 즐거움 140

· 성장에 따른 남자아이의 특징 142

체력으로 승부하는 놀이는 아빠에게 144

Q&A 남자아이의 이런 점이 힘들어요!

- 이제 세 살인데 정리정돈을 전혀 못 해요 138
- 유치원에 들어간 후로 말투가 거칠어졌어요 150

체크해보세요

- 아빠의 양육 협력도 148

5장 '별것 아닌 일'로 생각하면 육아가 편해진다

육아에 '긍정적인 사고'를 적용하자 154

일이 실제 생기고 난 후 고민한다 156

무슨 일이든 '별거 아닌 일'이라고 생각하자 160

무엇이든 나 좋을 대로 해석한다 166

'남 일'처럼 생각하면 해결책이 떠오른다 168

곤란할 때는 어느 쪽을 선택하든 그것이 정답이다! 171

'가장 큰 소망을 이루었다'는 점에 감사하자 174

'없는 것 찾기'는 그만, '있는 것에 만족'하자 177

다시 못 올 이 순간, 마음껏 사랑하라 184

Q&A 남자아이의 이런 점이 힘들어요!

- 밥 먹는 태도도 안 좋고 밥 먹는 데 시간이 너무 많이 걸려요 164
- 다른 사람의 말을 전혀 듣지 않아요 182

'아휴', '진짜!', '아~' 아들 키우는 엄마의 비명

왜 이런 짓만 할까?

아들 키우기가 힘든 이유

남자아이의 특성을 이해하면 마음이 편해진다

남자아이는 엄하게 다루지 않으면 안 된다?

야단치지 않아도 혼육할 수 있다

포기하지 말고 계속해서 가르치면 아이는 달라진다

제1장 아들 키우기가 왜 이렇게 힘들까?

'아휴', '진짜!' '아'~
아들 키우는 엄마의 비명

딸보다 몇 배나 힘든 아들 키우기

아장아장 걷던 아기가 어느새 자라서 뛰어놀고, 옹알이를 하던 아기가 말이 늘어 엄마와 대화를 하게 되면 아이 키우는 기쁨이 배로 늘어난다. 아이 키우기가 힘들다고 하지만 그만큼 아이와 함께하는 일상이 즐겁고 행복한 것이 아이 키우는 엄마들의 공통된 마음일 것이다.

아이 돌보는 것은 분명 즐겁고 행복한 일이지만 힘든 것도 사실이다. 아들 키우는 엄마일수록 이런 느낌은 더 강하다.

아들을 키우다 보면 힘든 일이 끊이질 않는다. 아들 하나 키우는 것만으로도 매일매일 기진맥진 지친다는 엄마도 있다. 딸 키우는 것도 쉽지는 않겠지만, 똑같이 힘들어도 아들 키울 때 힘든 것은 딸 키우는 것에 비하면 그 종류나 강도에 있어서 상대가 안 된다.

첫째가 아들이고 둘째가 딸이라면 엄마들은 입을 모아 말한다.

"딸 키우는 게 이렇게 편하구나…."

그런데 반대로 첫째가 딸이고 둘째가 아들이면 그것이야말로 배로 힘들다.

"아니, 이게 뭐지? 첫째 때는 이런 일 없었는데!".

둘째니까 분명 편할 것이라는 기대는 여지없이 어긋나서 지금까지 경험해본 적 없는 일들에 맞닥뜨리게 된다. 첫째 아이를 키울 때는 겪어보지 못했던 힘든 과정을 하나하나 맛보아야만 한다. 결국 아들 키우는 엄마는 매일 다음과 같은 말을 입에 달고 살 수밖에 없다.

"그만해!", "안 돼!", "아휴, 정말!", "이 녀석!", "뭐 하는 거니?"

아들 키우는 엄마와 딸 키우는 엄마 중 누가 얼마나 더 힘든지 그 힘든 정도의 차이를 숫자로 표현하라고 한다면 이들 단어를 사용하는 횟수에 비례한다고 해야 할까? 지금 키우고 있는 아이가 남자냐 여자냐에 따라서 하루에 이 말들을 쓰는 횟수가 전혀 다르다. 1~5살 정도의 남자아이 엄마라면 하루 평균 100번, 같은 나이의 여자아이 엄마라면 평균 30번 정도는 이 말들을 사용할 것이다. 한 달이 아니다. 하루 평균이다.

'아, 정말 어쩔 수 없는 건가….'라며 한숨 쉬는 엄마가 있다면 안심해도 된다. 계속 읽다 보면 내일은 분명 이 다섯 가지 말이 반으로 줄어들 것이다. 나중에는 딸 키우는 엄마보다도 줄어들 수도 있다. 힘들기만 하던 아들 키우기도 어느새 힘든 것보다는 즐거운 것이 더 많아지고 한숨 대신 웃음이 늘어날 것이다.

왜 이런 짓만 할까?

남자아이의 특징을 10가지로 정리해보았다. 실제로는 이보다 더 많지만 대다수 남자아이들의 공통적이고 대표적인 특징을 모아본 것이다.

갑자기 도로로 뛰어들거나, 일부러 물웅덩이에 들어가 바지를 더럽힌다거나, 좀 전에 야단맞은 행동을 금세 또 반복한다거나 하는 등 엄마 입장에서는 이해할 수 없는 아이. 남자아이는 원래 그런 성질을 타고났기 때문이다.

남자아이의 10가지 특징

**무엇이든 움직이는 게 좋다
움직이는 것에 끌린다**

그래서 →

· 가만히 있지를 못한다.
· 시도 때도 없이 돌아다닌다.
· 움직이는 것에 열광한다.

모험적인 것을 좋아한다

그래서 →

· 높은 곳에 올라간다.
· 위험한 행동을 한다.
· 아무 데나 들어가고, 숨는다.

자기 손으로 물건을 들어 들어 옮기거나 소리 내는 것을 좋아한다

그래서 →

- 길에서 주운 막대기로 쾅쾅 두들긴다.
- 일부러 물웅덩이에 들어가 첨벙거린다.
- 엘리베이터 버튼을 마구 누른다.
- 기계류를 좋아한다.

무엇이든 만져서 확인하고 싶어 한다
구조나 원리를 확인하고 싶어 한다

그래서 →

- 슈퍼에서 식품을 만진다.
- 뜨거운 것도 만져본다.
- 밥 먹다가 컵 바닥을 뒤집어본다.
- 스위치 같은 것을 만지는 걸 좋아한다.

**'하고 싶다'는 생각이 들면
하지 않고는 못 견딘다
나중 일을 생각하지 않는다**

그래서 →

· 방금 야단맞은 행동을 또 반복한다.
· 위험하다는 걸 알아도 한다.

강한 것이 좋다, 자신이 최고가 되고 싶어 한다

그래서 →

· 영웅 이야기를 좋아한다.
· 맨 앞으로 간다.
· 먼저 차지하려고 한다.
· 다른 아이보다 높은 곳에 올라가려 한다.

거칠고 파괴적인 것을 좋아한다

그래서 →

· 폭력적인 특수효과나 애니메이션, 격투기를 좋아한다.
· 다른 아이가 쌓아놓은 블록을 쓰러뜨린다.
· 싸움 중에 폭력을 쓴다.

장난치는 것, 품위 없는 것을 좋아한다

그래서 →

· 성과 관련된 단어를 쓴다.
· 상스러운 유행어를 좇아서 사용한다.
· 옷을 훌렁훌렁 잘 벗는다.

더러운 걸 더럽다고 생각하지 않는다
신경 쓰지 않는다

그래서 ⟶

- 옷이 더러워져도 신경 쓰지 않는다.
- 아무렇지 않게 흙을 손으로 만진다.
- 화장실에서 볼일을 본 후 손을 씻지 않는다.

혼자서도 집중해서 잘 논다
오타쿠 경향이 있다

그래서 ⟶

- 혼자 놀 때가 많다.
- 좋아하는 것에 깊이 빠진다.
- 묻지 않으면 먼저 말하는 일이 없다.

아들 키우기가 힘든 이유

아빠한테는 '신경 쓰이지 않는' 남자아이의 행동

앞 장에 나온 '남자아이의 10가지 특징'을 보고 "맞아, 맞아, 딱 우리 애 얘기네"라고 공감하는 엄마들이 많을 것이다. 늘 이리저리 돌아다니고, 길에 떨어진 나뭇가지나 돌멩이같이 엄마가 보기엔 '이상한 것'을 너무 좋아하고, 아무 때나 장난을 치는 우리 아이. 아이의 이런 행동을 볼 때마다 '아이가 왜 이런 행동을 하는 걸까'라며 의문을 가진 엄마도 많을 것이다.

남자아이를 이해하는 하나의 힌트가 있다. 그것은 바로 아빠다.

대부분의 아빠들은 엄마만큼 아이에게 야단을 치거나 잔소리하지는 않는다. 그 이유가 무엇일까? 함께 있는 시간이 엄마에 비해 상대적으로 짧기 때문일까? 단지 그것 때문만은 아니다.

예를 들어, 아들을 공원에 데려가서 1시간 놀아줬다고 하자. 앞에서 이야기했던 "그만해!", "안 돼!", "아휴, 정말!", "이 녀석!", "뭐 하는 거니?" 같은 말들을 아빠는 거의 사용하지 않는다. 한다고 해도 엄마의 10분의 1 정도밖에 안 된다.

똑같이 아이와 공원에서 1시간 동안 놀아줘도 엄마와 아빠는 아이를 야단치는 횟수가 전혀 다르다. 여기에 중요한 포인트가 있다. 엄마와 아빠는 관점이나 느끼는 방식이 애당초 서로 전혀 다르다는 것이다. 그것은 관점이나 느끼는 방식이 바뀐다면 그만큼 야단치지 않게 될 수 있다는 것을 의미한다.

아빠는 아들이 무엇을 하든 엄마만큼 큰일이라고 생각하지 않는다. 신경 쓰이지 않고, 신경을 쓰지도 않는다. 이것은 20년 넘게 어린이집 교사로 일해온 내 경험상 분명하다. 어린이집 선생님들은 대부분 여자다. 선생님들은 남자아이가 많은 반의 담임이 되면 "어떡해?", "힘들겠네"라고 서로들 위로한다. 적어도 "앗싸! 남자애가 많네"라고는 하지 않는다.

하지만 나는 반대였다. 남자아이가 많은 반의 담임을 맡게 되면 그야말로 '앗싸!'다. 솔직히 그렇게 귀여운 남자아이들이 뭐가 그렇게 힘들다는 건지 잘 몰랐다. 그건 내가 남자기 때문에 동성인 남자아이의 행동을 전혀 위화감 없이 받아들였기 때문이라고 생각한다. 여자 선생님 입장에서는 이성인 남자아이들은 예상을 벗어난 행동을 자주 하는 데다가 남자아이 담임을 맡았을 때 힘든 일이 많았기 때문에 그렇게 반응하는 것이다.

남자는 모두 이해를 초월한 존재?

남자아이 키우기가 힘들다고 하기 전에 애당초 여자에게 있어서는 남자 그 자체가 힘든 존재일지도 모른다. 한 살짜리 아기든 여든 살의 할아버지든 여자에게 있어서 모든 남자는 자신의 허용범위를 벗어난 행동만 하는 힘든 존재다.

몇 년 전 한 여론조사기관에서 '당신의 스트레스의 원인은 무엇입니까?'라는 설문조사를 한 적이 있었다. 이때 주부들이 뽑은 스트레스 유발 요인 제1위는 남편이었다. 흔히 남녀가 함께 생활을 할 때, 남자 입장에서는 지극히 평범한 행동인데 여자들이 화를 내는 경우가 많이 있다.

이웃집 멋진 남편도, 잘생긴 배우도 함께 생활해보면 분명 짜증 나는 행동들만 할 게 틀림없다. 특이한 것은 여자라면 짜증 낼 법한 남자의 그런 행동들이 남자끼리는 거의 신경 쓰이지 않는다는 점이다. 구두가 흐트러져 있든, 벗은 옷이 아무 데나 내던져져 있든, 치약 중간이 꾹 눌려져 있든 남자들한테는 신경 쓰이지 않는다. 심지어 그들은 그런 것을 전혀 눈치채지 못할 때도 있다. 그러니 그런 행동에 짜증 나지 않는 것은 당연하다.

남자와 여자는 행동은 물론 사고방식이나 가치관이 전혀 다르다. 몸의 구조가 다른 것만큼이나 마음의 구조 역시 다르기 때문이다.

남자아이의 특성을 이해하면
마음이 편해진다

일부러 엄마를 힘들게 하려는 건 아니다

남녀 간 마음 구조의 차이는 그대로 행동의 차이가 되어 한 살 전후 기어 다닐 때부터 이미 명확하게 나타난다.

이 시기부터 이미 남자아이는 여자아이와 달리 이상한 모험심과 탐구심이 왕성하다. 그런 까닭에 항상 이곳저곳을 가고 싶어 하고, 닥치는 대로 물건을 만져본다. 그런 부분이 엄마 입장에서는 늘 골칫거리다. 아무 데서나 바닥에 털썩 주저앉고, 물웅덩이를 철퍽거리며 일부러 밟고 지나가고, 죽은 벌레든 썩은 낙엽이든 흥미가 생기면 손을 뻗어 만진다.

아이들의 이런 행동은 일부러 엄마를 힘들게 하려고 하는 건 아니다. 남자아이 특유의 '해보고 싶다', '어떻게 되는지 확인해보고 싶다'라는 호기심과 모험심에서 자신도 모르게 그렇게 하는 것뿐이다. 이때 엄마 입장에서는 눈에 보이지 않는 아들의 마음보다는 '너무 힘들다'는 생각이 앞선 나머지 자신도 모르게 "아휴, 정말", "그만 좀 해!"라는 말이 먼저 나오게 된다.

어린이집 교사로 20년 넘게 일하고 집에서는 2남 1녀의 아빠로 많은 아이들을 지켜보며 느낀 생각은 남자아이는 무엇이든 자신이 흥미를 갖는 것, 하고 싶은 것이 생기면 뒷일은 생각하지 않고 당장 행동으로 옮기는 경향이 있다는 것이다.

그에 반해 여자아이는 그런 행동을 함으로써 뭔가 자신에게 좋지 않은 일이 일어나지는 않은지를 먼저 확인하고 난 후에 행동으로 옮기는 편이다. 예쁜 낙엽이 떨어져 있어도 손이 더러워질 것 같으면 줍지 않는다. 뭔가를 할 때도 다른 사람이 하는 것을 보고 뒤따라 하는 경향이 있다. 먼저 나서서 하려고 하지 않는 것이다. 남자아이처럼 아무리 더러워도 만진다거나 만지면 안 되는 걸 알면서도 만져보는 행동은 별로 하지 않는다. 자기가 나서서 먼저 해보려 하는 행동도 여자아이에게서 훨씬 덜 나타난다.

여자아이는 무엇이든 함부로 만지지 않는다거나 나중 일은 생각하지 않고 하고 싶으면 바로 하지 않는다는 것만으로도 상당히 얌전한 것처럼 보인다. 아들 키우는 엄마는 여자아이의 그러한 부분을 부러워할지도 모른다. 하지만 여자아이는 만지고 싶지만 참고 있는 것이 아니다. 만지고 싶다는 생각이 들지 않기 때문이지 훈육이 잘돼 있어서 만지지 않는 것은 결코 아니다.

'그렇게 하지 않고 못 견디는' 마음을 받아들이자

남자와 여자는 사물에 대한 관점은 물론, 느끼는 방식이나 신경이 쓰이는 것, 일의 우선순위 등 모든 것이 서로 다르다. 그러한 다름이 그대로 행동의 차이로 나타나게 된다. 이 차이를 인정하는 것이야말로 엄마들이 '아들은 키우기 힘들다'는 생각에서 벗어나 아들 육아를 편하게 받아들이는 지름길이라고 본다.

엄마들이 아들 키우기가 힘들다면 어린이집 남자 교사, 혹은 아빠 입장에서도 할 말이 있다. 남자들은 여자아이 다루기가 오히려 더 힘들다고 느껴질 때가 많다. 수시로 훌쩍훌쩍 울먹이고, 예상치 못한 부분에서 삐지고, 겉과 속마음이 다르고, 친구관계는 복잡하고…. 여자아이 속을 알 수 없을 때가 많지만 그것 역시 여자아이의 특징이라는 것을 인정해야 한다. 그렇게 이해하며 통째로 받아들일 때 비로소 어떤 곤란한 문제가 생겨도 해결할 수 있게 된다. 나는 20년 넘게 아이를 돌봐왔어도 이해할 수 없는 점들이 싫다거나 힘들다고 생각한 적은 사실 한 번도 없다.

어린이집 교사라면 반드시 배우는 〈보육 원리〉라는 과목이 있다. 이 과목에서는 보육교사의 마음가짐으로 가장 중요한 것이 '수용'이라고 강조한다. 수용이란 받아들이는 것이다. 있는 그대로를 인정하는 것이다. 남자아이든 여자아이든 똑같고, 가정에서든 어린이집 혹은 유치원에서든 마찬가지다. 아이와 마주하는 사람에게 있어 가장 중요한 것은 바로 이 '수용'의 자세다. 수용할 수 있는가 없는가에 따라 가정에서 부모로서의 양육도 어린이집 교사로서의 돌봄도 얼마나 쉽게 할 수 있는지 차이가 난다.

아들을 키우는 엄마라면 먼저 아이의 태도나 행동 그 자체를 통째로 받아들이는 '수용의 원리'를 양육에 적용해주었으면 한다. 그것만으로도 마음이 훨씬 편해지고 짜증 나는 일이 사라져서 야단칠 일이 많이 줄어들 것이다.

Q&A
남자아이의 이런 점이 힘들어요!

Q

아이가 침착하지 않고 가만히 있지를 못해요. 공공장소에서라도 얌전했으면 좋겠어요. (3살)

A

지금이 가장 번잡스러운 시기입니다. 다섯 살쯤 되면 반드시 좋아질 거예요.

남자아이는 세 살 무렵이 가장 번잡스러운 시기입니다. 고집이 세져서 가장 말을 안 듣는 시기가 두 살 후반부터 네 살까지입니다. 다섯 살이 넘으면 많이 침착해지고 지금보다도 훨씬 말귀를 잘 알아듣게 될 거예요. 그 시기를 느긋하게 기다려주세요. 침착하지 않다는 것도 아이의 개성입니다. 개성은 인정해주면서도 산만해질 때마다 반복해서 주의를 주세요.

그렇다고 언성을 높일 필요는 없습니다. 부드럽게 말하기만 해도 충분히 효과가 있습니다. 특히 공공장소에서는 잊지 말고 이야기해주면 아이 나름대로 주의받는 장소의 공통점을 알게 됩니다. 사람들이 신경 쓰는 건 공공장소에서 얌전하게 있지 못하는 아이가 아니라 공공장소에서 아이가 그런 행동을 해도 내버려두는 부모의 모습입니다. 부모가 주의 주는 모습을 보면 오히려 개구쟁이 아이를 흐뭇한 눈으로 바라봐줄 것입니다.

남자아이는 엄하게 다루지 않으면 안 된다?

자녀교육은 세상 모든 엄마들의 고민거리

아들을 있는 그대로 받아들이라거나 있는 그대로를 인정해주라고 하는 것이 아이가 하고 싶어 하는 것을 무엇이든 하게 두라는 것은 물론 아니다. 예를 들어 밖에서 돌아오면 손을 씻고, 떠들면 안 되는 장소에서는 시끄럽게 떠들지 않고, 친구에게는 친절하게 대하는 등 한 사람의 인간으로서 익혀야 하고 배워야 할 것은 많다. 그것이 바로 예의범절이다.

이 책을 읽고 있는 엄마들 중에는 자녀교육에 대해 충분히 고민하고 있거나 혹은 이미 실행 중인 사람들도 많을 것이다. 도무지 말을 듣지 않는 아들에게 예의범절을 가르치려고 해도 좀처럼 안 된다는 엄마들도 많다. 정리정돈을 못 하고, 인사도 제대로 안 하고, 공공장소에서는 얌전히 있지 못하고, 약간 높은 곳만 보면 올라가려고 하고, 식사 때마다 제자리에 앉아 먹는 법이 없고, 친구와 놀다가 금방 아웅다웅 싸우고…. 동서고금을 막론하고 세상의 모든 엄마들의 가장 큰 육아 고민이 바로 이 예의범절일 것이다. 그만큼 자녀교육은 시대를 초월한 영원한 주제다.

우리 아이가 제대로 할 수 있을까?

예의범절은 '사회에서 살아가는 데 필요한 최저한의 규범이나 매너'라고 볼 수 있다. 예의범절을 가르치는 것을 '훈육'이라고 한다. 사전에는 '품성이나 도덕 따위를 가르쳐 기르는 것'이라고 나온다.

사람에 따라 구체적인 내용은 다르겠지만 세상 엄마들이 자녀에 대해 원하는 것은 대체로 같다. 그것은 '우리 아이가 제대로 할 수 있기를 바라는 것'이다. 그렇게 바라는 것은 어찌 보면 당연하다. 정리정돈을 잘할 수 있게 되는 것도, 도서관이나 병원에서는 얌전히 있는 것도, 친구와는 사이좋게 노는 것도 모두 중요한 것들이다. 아이가 그런 것들을 제대로 할 수 있게 되길 바라는 엄마의 마음은 인정해야 한다.

다만 딱 한 가지, 짚고 넘어가고 싶은 포인트가 있다. 훈육이란 사전에 나오는 것처럼 '가르치는 것'이지 '지금 당장 행동으로 옮기게 하는 것'은 결코 아니라는 점이다.

지금은 못하지만 곧 할 수 있다

가르친다는 것은 "그건 안 돼", "이렇게 하는 거야"라는 메시지를 전달하는 것이다. 당장 그 자리에서 아이의 행동이 바뀌든지 말든지는 상관없다. 메시지가 전달된 시점에 이미 훈육은 이루어진 것이다.

식사시간을 예로 들어보자. 아이에게 "잘 먹겠습니다"라고 말하고 먹어야 한다고 알려주었다면, 설령 아이가 아무 말도 하지 않고 먹기 시작했더라도 밥 먹기 전에 "잘 먹겠습니다"라고 말해야 한다는 사실은 전달되었으므로 훈육은 충분히 이루어진 것이다.

그러나 지금 당장 행동으로 옮기게 하려고 그 자리에서 행동을 고쳐주려다 보면 아무래도 엄하게 야단을 칠 수밖에 없다. "그만해!"

라고 했는데 아이가 멈추지 않으면(엄마가 그만하라고 한다고 여기서 그만두는 경우는 없다), "그만하라고 했잖아!"라고 화를 내게 된다. "이렇게 해라"라고 했음에도 아이가 하지 않으면 "왜 말을 안 듣는 거니!"라고 나무라게 된다.

아이는 세상에 태어난 지 몇 년 안 됐다. 아이가 모르는 것이나 못하는 게 많은 것이 당연하다. 미숙한 지금은 아직 못해도 된다. 지금은 못하지만 조만간 할 수 있게 된다. 그걸로 충분하다. 그렇게 되기 위해서는 상황, 상황마다 어떻게 해야 하는가를 가르치고 무엇이 좋고 무엇이 나쁜지를 알려주는 것이 중요하다. 그 과정을 반복함으로써 훌륭한 훈육이 이루어지는 것이다. 지금 당장 드러나지 않지만 계속해서 그렇게 훈육하다 보면 빠르면 내일, 늦어도 내년에는 반드시 성과가 나타날 것이다.

물론 엄하게 야단치면 당장 그 자리에서는 개선될지도 모른다. 그렇지만 아이는 내일도 같은 행동을 반복한다. 그러니 한 번에 고치려고 할 것이 아니라 꾸준히 가르치는 것이 중요하다.

지금은 제대로 하지 못해도 괜찮다. 다소 예의가 없어도 조급하게 생각할 필요는 없다. 언젠가는 할 수 있게 되도록 지금부터라도 올바른 것, 해야만 하는 것을 가르쳐야 한다. 우선은 그것을 알려주기만 하면 된다. 시작은 이렇게 하는 것이다.

야단치지 않아도 훈육할 수 있다

부드럽게 반복적으로 말하기만 하면 된다

자녀교육은 엄해야 한다고 생각하는 사람들이 상당히 많다. 그래서 아이를 심하게 야단치는 엄마를 보고 "저 엄마, 아이 교육 제대로 시키네", "엄마도 힘들긴 하겠어"라면서 동정의 눈길을 보낸다. 남의 눈을 의식해 사람들 앞에서 필요 이상으로 아이를 야단치는 엄마들도 있다.

하지만 엄하게 야단쳐야 자녀교육을 제대로 할 수 있는 것은 결코 아니다. 오히려 계속해서 부드럽게 이야기해주었을 때 결과적으로는 아이가 제대로 배우는 경우가 더 많다.

한 번은 지하철을 탔는데 세 살 정도 된 남자아이가 승객들 사이를 비집고 다니며 이리저리 왔다갔다 했다. 아이 엄마는, "뭐 하는 거니? 사람들한테 방해되잖아!"라고 큰소리로 야단치며 억지로 아이의 손을 잡아당겨 자리에 앉혔다. 그 일이 있고 나서 며칠 후 지하철을 탔는데 이번에는 네 살 정도 된 남자아이가 역시나 사람들 사이로 왔다갔다 하며 엊그제와 똑같은 상황을 연출했다. 하지만 이 엄마는 "그렇게 왔다갔다 하면 사람들한테 방해되니 이리로 오렴'"이라며 부드러운 말투로 아들을 불러서 자기 옆에 앉혔다.

전자의 엄마는 언뜻 제대로 교육을 시킨 것처럼 보일지도 모른다. 하지만 그 아이는 엄마가 소리치기 때문에 돌아다니지 않은 것이고 손을 당겼기 때문에 앉은 것이지 그 행동을 스스로 납득해서 자신의 의사로 앉은 것은 아니다. 그 아이는 분명 다음번에도 같은 행동을 할 것이다. 아니면 그런 식으로 화내는 사람이 없는 상황에서는, 예컨대 할머니나 이모 등과 탔다거나 하면 같은 행동을 할 가능성이 크다.

반면, 승객들 사이를 왔다갔다 하면 다른 사람들에게 방해가 된다는 것을 배우고, 이쪽으로 오라고 불러서 스스로 자리에 얌전히 앉은 두 번째 아이는 다음부터는 승객들 사이를 왔다갔다 돌아다니지 않고 자리에 앉을 확률이 첫 번째 아이보다 몇 배나 높다. 누가 야단치지 않더라도 말이다.

화내는 것은 '절대로 안 되는' 일을 했을 때만

앞에서 말한 바와 같이 '훈육'이란 '가르치는 것'이다. 가르치기 위해 엄하게 야단치거나 언성을 높일 필요는 없다. 무서운 표정을 지을 필요도 없다. 물론 때로는 엄하게 야단쳐야만 할 때도 있다.

어린이집 교사로 일하던 시절, 나는 거의 아이들에게 시시콜콜 잔소리하거나 큰소리로 야단치거나 하지 않는 편이었다. 그런 나도 일년에 몇 차례는 큰소리로 엄하게 야단칠 때가 있었다. 이때 야단을 맞는 것은 대부분 남자아이였다. 예컨대 일부러 뜀틀 위에 서 있는 친구의 발을 걸거나 장난으로 눈앞에 넘어진 친구를 자전거로 치려고 할 때 등이었다. 아이라고 하더라도 절대 해서는 안 되는 일을 하거나 하면 안 되는 걸 알면서도 했을 때 야단을 쳤다. 하지만 그런 사례는 거의 없었고, 따라서 그런 식으로 혼낼 일도 거의 없었다.

아이가 저지르는 일이 어른을 난처하게 할지는 몰라도 굳이 엄하게 야단칠 필요까지는 없는 것들이 대부분이다. 우유를 엎지르거나 뜨거운 냄비를 손으로 만지거나 밤에 오줌을 싸거나 하는 것 등은 아직 인생 경험이 부족하기 때문에 생기는 일들이다. 알면서도 일부러 저지른 행동이 아니고 단지 경험이 없어서, 다시 말해 단순 무지로 인한 과실이 대부분이다.

자녀교육도 이와 같다. 이웃 사람들에게 인사를 안 하는 것은 단순히 부끄러워 그런 것이거나 인사의 중요성을 아직 모르기 때문이다. 달리면 안 되는 장소에서 뛰는 것은 그저 달리고 싶어서다. 주변 사람이나 엄마를 힘들게 하려는 생각은 추호도 없다.

아이들을 엄하게 야단쳐야만 하는 상황은 거의 없다. 그러니 평소와 다름없는 부드러운 말투로 잘 타이르는 것이 좋다. 그리고 그것을 계속 반복하도록 한다. 그걸로 충분히 '아이를 잘 교육시키는 훌륭한 엄마'가 될 수 있다.

포기하지 말고 계속해서 가르치면 아이는 달라진다

다섯 살이면 몰라볼 정도로 침착해진다

자녀교육은 길고 긴 이야기이다. 그저 한 번의 가르침으로 그 자리에서 당장 착한 아이가 되지는 않는다. 특히 두 살 정도까지는 타고난 기질에 따라 움직이는 경우가 많다. 그렇기 때문에 두 살까지는 훈육을 하든 훈육을 하지 않든 겉으로 보기에 행동이 별로 바뀌지 않은 것처럼 보인다.

그렇더라도 포기해서는 안 된다. 말귀를 못 알아듣더라도 부드럽게 몇 번이고 이야기해주어야 한다. 포기하지 말고 계속해서 알려주고 가르치는 것이 중요하다. 이러한 노력은 아이가 세 살쯤 되었을 때부터 반드시 보상받기 시작한다. 아이는 나름대로 상식이 몸에 배고, 엄마는 엄마대로 매일 화만 내지 않아도 된다. 그렇게 성장해서 다섯 살 무렵쯤 되면 몰라볼 정도로 침착하고 온순한 남자아이로 성장해 있을 것이다.

적절한 시기를 놓쳤다고 걱정할 필요 없다. 아이가 이미 서너 살이 된 경우라도 괜찮다. 그동안 제대로 못 가르쳤는데 너무 늦은 건 아닌가 싶어 지레 포기하지 않아도 된다. 반대로 그동안 아이를 너무 엄하게만 다루었던 건 아닌지 걱정하는 엄마도 있다. 이 역시 괜찮다. 앞으로 바꾸면 된다. 자녀교육은 마음먹었을 때가 시작이다.

에너지가 넘치는 아이는 부모를 힘들게 할 때가 많지만, 남자아이의 최대 장점이 바로 넘치는 에너지가 아닌가. 그 장점을 살리면서 아이를 구김살 없이 바르게 키우는 것이 모든 부모의 소망이자 나의 바람이다.

2장에서는 '야단치지 않는' 자녀교육이란 어떤 것인지 구체적으로 살펴보고자 한다.

Q&A
남자아이의 이런 점이 힘들어요!

Q

항상 위험한 행동을 해서 하루하루가 불안해요.
조금 높은 곳만 있으면 무조건 올라가려고 하고, 미끄럼틀은 거꾸로 내려가고… 언젠가 크게 다칠 것 같아 걱정이에요. (4살)

A

'위험한 것'의 기준을 큰맘 먹고 낮춰보세요.

남자아이는 확실히 위험한 행동을 자주 합니다. 여자아이에 비해 남자아이는 확실히 스릴이 넘치거나 모험심을 채워주는 것에 끌리는 경향이 있습니다.

하지만 가만히 보면 많은 엄마들은 크게 위험하지 않은 것까지 위험하다고 생각할 때가 많습니다. 같은 행동을 옆집 아이가 하면 위험하다고 생각하지 않지만 내 아이가 하면 위험해 보입니다.

'아이는 다쳐봐야 조심하게 된다'거나 '상처는 남자아이의 훈장이다'라고 말하는 사람들도 있지만 이 역시 좋은 태도는 아닙니다. 작은 상처로 끝날지 큰 상처로 남을지는 알 수 없는 일이니까요.

   아이가 위험한 행동을 할 때 부모가 주의를 주는 것은 당연합니다. 하지만 이러한 기준을 한번 바꾸어보는 것은 어떨까요? 위험하다고 생각하는 것의 기준을 확 낮춰보는 것입니다. 그래서 남의 집 아이가 해도 역시 주의를 주게 되는 위험한 행동일 때만 내 아이에게 주의를 줘보세요. 한번 시도해보면 걱정거리가 훨씬 줄어들 거예요.

행동이 극적으로 바뀌는 '야단치지 않는' 교육

1) 인내심을 갖고 백 번이라도 가르친다
2) 안 했을 때 야단치기보다 했을 때 칭찬을 한다
3) 매로 가르치지 않는다
4) 해야 하는 행동을 구체적으로 말해준다.
5) 평소의 목소리로 야단친다.
6) 벌로 협박하지 않는다
7) 하루에 30번 아이를 웃게 만든다

제2장 아이의 행동을 바꾸는 남자아이 맞춤 교육

행동이 극적으로 바뀌는 '야단치지 않는' 교육

강압 대신 스스로 하게 하는 방법

사람들은 흔히 훈육을 '엄하게 가르쳐서 말을 듣게 하는 것'으로 생각하는 경우가 많다. 하지만 훈육은 글자 그대로 '가르쳐 기르는 것'이다. 엄하게 꾸짖지 않아도 부드럽게 가르쳐줄 수 있다. 무서운 표정을 지을 필요도 없다.

그렇더라도 남자아이는 역시 어느 정도는 호되게 야단치지 않으면 말을 듣지 않는다고 생각하는 사람도 있다.

사실은 그렇지 않다. 아이들은 모두 부모 말에 주의 깊게 귀를 기울이고 행동을 바꿀 수 있는 힘을 갖고 있다. 단지 부모가 어떻게 하는가에 달렸다. 아이를 능숙하게 교육시킬 수 있는지 없는지는 100% 부모에게 달렸다. 아이 책임은 하나도 없다.

이번 장에서는 엄하게 다루지 않아도 아이의 행동이 어느샌가 변해가는 방법을 소개하고자 한다. 말하자면 '야단치지 않는' 교육이다. 겉으로 보기에는 교육이라 할 만한 것은 아무것도 안 한 것 같지만 결과적으로는 '가정교육을 제대로 받은 아이'가 되는 마법의 테크닉이다. 이 방법은 모두 지금 당장 가능한 것들이다. 간단하지만 효과는 최고다. 그러니 시험 삼아 시도해보길 바란다.

'야단치지 않는' 교육 1

인내심을 갖고 백 번이라도 가르친다

두세 번 말해서 듣는 아이는 없다

사람은 누구나 같은 말을 여러 번 반복하기 싫어한다. 식당이나 편의점에서 주문을 할 때 두 번 세 번 반복하는 일이 거의 없다. 상대가 내 아이라도 마찬가지다. 부모는 아이에게 같은 말을 두 번 세 번 반복하는 것을 싫어한다. 다시 말해야만 할 때는 "전에도 말했잖아!", "아휴 정말, 도대체 몇 번을 말해야 알아듣는거니!"라는 불평의 말 한 마디라도 덧붙이게 된다. 그렇지 않으면 같은 말을 반복하게 만드는 스트레스는 사라지지 않는다.

하지만 안타깝게도 두 번 세 번을 말해도 못 알아듣는 것이 아이들이다. 한 번 말해서 알아들었으면 좋겠지만 모두 엄마 마음 같지는 않다. 한 번 말해서 아이가 못 알아들으면 몇 번을 말해줘야 할까? 그럴 때는 열 번 이상이라도 다시 말해줘야 한다.

그런데 한 번 생각해보자. 만약 아이가 딱 한 번 듣기만 해도 이해할 수 있고 시키는 대로 할 수 있다고 한다면 그 아이는 이미 아이가 아니다. 사람은 여러 번 반복해 들으면서 그것이 머릿속에 축적되고 그에 따라 점차 알게 된다. 그것이 바로 '배운다'는 것이다.

예를 들어, 테니스교실에서 처음으로 발리(volley)를 배웠다고 치자. 코치는 학생에게 "라켓의 각도는 지면에 수직으로 세운다"고 가르친다. 학생은 그 말을 듣고 수직으로 세운다. 한 번 듣기만 해도 할 수 있다.

그러나 몇 분 후 학생은 다시 라켓을 기울게 쥐고 있을지도 모른다. 그럼 코치는 또 다시 말한다. "라켓이 지면에 수직이 되게 들어야지". 학생은 다시 "네"라고 대답하지만 코치가 보았을 때 학생은 또 기울어진 상태로 들고 있거나 위로 올라가 있거나 한다. 코치는 같은 말을 다시 반복한다. 그날만 해도 코치는 열 번 이상 말했을 것이다. 분명 다음 주에도 같은 말을 몇 번이나 반복해서 말할 것이다.

조급해하지 말고 반복해서 가르치자

아이도 이와 같다. 한 번 말을 들었다고 당장 고쳐지지 않는다. 제대로 하지 못한다. 테니스교실 학생도 열 번 이상 들으면 기억할지 모른다. 딱 한 번 들은 게 전부라면 까맣게 잊어버리고 라켓을 기울인 상태로 들고 있을 것이다.

열 번 들어서 간신히 할 수 있게 되었다면 아홉 번의 가르침이 있었기 때문이다. 그때까지 아홉 번 말한 것이 아무 의미가 없었던 것이 아니다. 만약 그 코치가 '이 아이는 아무리 말해도 소용이 없다'며 세 번 정도 말하고 포기한다면 그 열 번째는 찾아오지 않는다. 계속해서 말한 보람이 있었던 것이다.

훈육이란 '가르치는 것'이다. 한 가지를 몇 번이나 계속해서 말해주는 것이 훈육이다. 그렇게 반복하다 보면 말하지 않아도 할 수 있게 되는 날이 반드시 온다. 지금은 하지 못해도, 오늘은 하지 못해도 계속해서 말해주고 가르치면 빠르면 내일, 늦어도 1년 후에는 할 수 있게 된다.

아이에게 두 번 세 번 계속해서 말한 것은 말한 축에 들지 않는다. 적어도 열 번, 많으면 백 번까지 말해줘야 할 수도 있다. 열 번 백 번 말해줘야 할 때 어떻게 말하는가도 사실은 중요하다. 아까 그 테니

스 코치도 만약 두세 번째에

"아니, 진짜! 몇 번 말해야 알아듣겠니?"
"라켓은 세우라고 말했잖아!"
"또, 아! 아휴, 진짜! 정말 못 해 먹겠네!"

라는 식으로 말하면서 가르쳤다면 학생은 그 자리에서 울어버리거나 집에 가거나 둘 중 하나였을지 모른다. 아홉 번째 말할 때조차 소리치지 않고 지극히 평범한 말투로 부드럽게 말했기 때문에 그 학생은 할 수 있게 된 것이다. 전혀 엄하게 야단치지 않고 부드럽게 계속 알려주기만 했는데도 훈육은 이루어진 것이다.

'야단치지 않는' 교육 2

안 했을 때 야단치기보다 했을 때 칭찬을 한다

칭찬받은 행동은 다시 하고 싶어진다

"이 녀석! 또 신발을 아무 데나 벗어놨네!"

아이가 현관에 신발 벗어 놓은 것을 보고 거의 모든 엄마가 하는 말이다. 그런데 이런 아이라도 가끔은 얌전히 벗을 때도 있다. 그때 칭찬해주는 것이다. 부모는 보통 아이가 말도 안 되는 행동이나 부모를 난처하게 하는 행동을 했을 때는 매번 야단치지만 제대로 해냈을 때 아무 말도 하지 않는 경우가 많다.

그것이 우연히라고 할지라도 제대로 잘했을 때는 칭찬해줘야 한다. 그러면 아이는 그 행위가 인정받았다고 느끼면서 해야만 하는 것이라는 사실을 알게 된다. 그 시점에서 이미 훌륭한 교육이 된 것이다.

하지 않았을 때는 "그건 안돼, ○○하는 거야"라고 가볍게 알려주는 정도로 하고 제대로 했을 때는 잊지 말고 칭찬해주도록 하자. 당연한 일을 한 것일지라도 칭찬을 해준다. 언뜻 당연한 듯 생각되는 '신발을 가지런히 벗기'도 사실은 그때마다 칭찬받아야만 하는 대단한 일이다. 그걸 못해서 고민하는 가정도 많을 테니까.

그밖에도 "잘 먹었습니다"라고 인사를 했다거나, 화장실을 다녀온 뒤 손을 잘 씻었다거나, 옆집 할머니께 인사를 잘했다거나 하는 등 어설프게라도 했을 때 부모가 칭찬해주는 습관을 들이면 아이는 어느샌가 그 행동이 습관화된다. 아이는 칭찬받은 것은 반복하는 버릇이 있기 때문이다.

너무 오버해서 칭찬할 필요는 없다

칭찬할 때 너무 오버하지 않아도 된다. 칭찬할 만한 행동을 있는 그대로 입으로 전하기만 하면 된다.

아이가 신발을 가지런히 벗어 놓았다면 "신발 벗은 것 좀 봐. 너무 멋진데"가 아니라 "신발을 가지런히 잘 벗어 놓았구나" 하면 된다. "인사도 잘하고, 아이구 대단하네"가 아니라 "인사를 잘했구나"라고 하면 된다. 과한 칭찬보다는 행동에 대해 말하는 것이 효과적이다. 아이가 바람직한 행동을 했을 때, 그 행동을 있는 그대로 입으로 전하는 것만으로도 훌륭한 교육이 된다.

Q&A

남자아이의 이런 점이 힘들어요!

Q

아이가 행동이 거칠어요. 친구를 때리기도 하고 툭하면 물건을 잘 던져요. 이대로 크면 어쩌나 걱정이에요. (2살)

A

우선은 부모가 대신 사과하고 아이에게는 제대로 알려주세요.

여자아이에 비해 남자아이들 중에는 행동이 서툴고 거친 아이가 많은 편입니다. 물론 여자아이들 중에도 그런 아이가 있긴 하지만 남자아이에 비할 것이 못 됩니다. 남자아이는 기질상 원래 그렇다고 생각하는 사람도 있지만 엄마로서는 신경이 쓰일 수밖에 없죠.

두 살 무렵일 때는 아무리 말해줘도 당장 고쳐지지는 않습니다. 그래도 알려줄 건 알려주는 것이 중요합니다. 아이가 거친 행동을 할 때마다 바로 하면 안 되는 행동이라는 것을 제대로 전달해야 합니다. 아이가 다른 아이를 때렸을 경우 때린 상대에게 아이 앞에서 부모가 대신 사과를 해주세요. 그리고 내 아이에게 그것이 어째서 잘못된 것인지 제대로 가르쳐주세요. 그렇게 하는가 하지 않는가에 따라 1년 후, 2년 후의 아이의 모습이 크게 달라질 것입니다.

'야단치지 않는' 교육 3

매로 가르치지 않는다

아이는 '몸'이 아니라 '말'로 배운다

'남자아이를 가르치려면 체벌이 필요하다'
'몇 번 말해도 안 들으면 매를 들 수밖에 없다'

아들을 키우는 엄마라면 이런 이야기를 들어본 적이 있을 것이다. 이런 말에 귀 기울일 필요는 없다.

사람을 움직이게 하려고 폭력을 쓴다면 즉각적인 효과가 나타나는 것은 분명하다. 어쩌면 그게 손쉽고 빠른 방법인지도 모른다. 하지만 그렇게 매를 들어서 행동이 바뀌었다면 그것은 맞는 것이 싫어서지 아이가 납득했기 때문이 아니다. 맞은 아이에게는 아픔과 슬픔, 때로는 분노밖에 남지 않는다. 맞아서 배울 수 있는 내용은 몸에 익혀지지 않는다. 즉, 전혀 훈육이 되지 않는다. 스스로 납득해서 행동을 바꾼 것이 아니므로 때리는 사람이 없는 경우거나 다른 사람들 앞에서는 같은 행동을 하기 쉽다.

때려서 가르치는 방식은 당장 그 자리에서는 효과가 있을지 모르지만 지속적인 훈육은 되지 않는다. 아이의 행동을 바꾸기 위해서는 체벌과 같은 수단을 사용해 억지로 고치는 것이 아니라 마음에 호소하는 부드러운 방법을 쓰는 것이 좋다.

이솝우화 중에 〈해님과 바람〉이라는 우화를 다들 잘 알 것이다. 거센 바람이 들판을 걷고 있는 나그네의 외투를 벗기려고 하지만 아무리 강한 바람을 날려보내도 외투를 벗길 수가 없다. 그러나 해가 따뜻하게 내리쬐자 나그네는 이윽고 스스로 외투를 벗는다. 바람은 폭력, 해는 부드러움이다.

이 우화를 읽은 사람들은 누구나 해의 방식이 정답이라는 것을 안다. 하지만 현실에서 실행하려고 하면 해의 방식은 시간이 너무 많이 걸린다. 바람은 아마 몇 분 안 돼서 포기해 버렸을 것이다. 해님이 성공은 했지만 그보다 훨씬 많은 시간이 걸렸을 것이다. 어쩌면 바람도 해가 내리쬔 시간 만큼 계속해서 불었다면 나그네의 외투를 벗길 수 있었을지도 모른다.

즉각적인 효과는 역시 매력적이다. 효과가 나타날 때까지 걸리는 시간이 바람이 2분, 해가 2시간으로 차이가 난다면 바람의 방식을 취하는 게 낫다고 생각하는 사람도 있을 것이다. 하지만 바람과 같은 방식은 아이에게는 효과적이지 않다. 정말로 아이를 사랑한다면 해님과 같은 방식으로 아이의 행동을 바꿔가는 편이 훨씬 바람직하다.

아이를 키우는 데 있어서 체벌은 생각하지 말아야 한다. 아이에게 전하고 싶은 것은 말로 타이르는 것만으로도 충분하다. 지금 당장은 변하지 않더라도 엄마의 그 가르침은 아이 안에 축적되어 나중에 반드시 활짝 꽃을 피우는 날이 올 것이다.

'야단치지 않는' 교육 4

해야 하는 행동을 구체적으로 말해준다

소리치기만 하는 감독은 서툰 지도자

소년 야구단의 훈련 모습을 보고 있으면 지도가 서툰 감독들에게는 공통점이 있다는 것을 알 수 있다. "멍청아! 뭐 하는 거야!", "어디 보는 거야!", "어째서 못 잡는 거야" 등과 같이 그저 소리를 지르기만 할 뿐 구체적인 지시를 전혀 하지 않는다. 아이는 당장 무서우니까 "네"라고 대답은 하지만 감독의 호령만으로는 어떻게 하면 좋은지 전혀 알지 못한 채 당연히 다음에도 같은 실수를 반복한다. 감독은 지시를 내렸다고 생각해 "왜 그러는 거야! 아까 말했잖아!"라고 한층 더 화를 낸다. 말했다고는 하지만 아이는 아무것도 들은 것이 없다. 그런데도 야단을 맞으니 안타까운 일이다.

반면 지도를 잘하는 감독은 이처럼 말하지 않는다. "허리를 더 낮춰서 잡아보렴" 등과 같이 아이가 취해야 하는 행동을 구체적인 말로 가르쳐준다. 아이는 어떻게 해야 하는지 알 수 있어 행동을 고치기 쉽고 숙달이 된다. 훈육도 이와 똑같다. 아이가 하길 바라는 행동을 구체적인 말로 전하는 것이 중요하다.

"뭐하는 거야!"라는 꾸짖음은 의미 전달이 안 된다

많은 엄마들이 아이에게 주의를 줄 때 공통적인 패턴이 있다. 그것은 아까 예로 든 무능한 감독처럼 꾸짖을 때, '언제', '어디서', '누가', '무엇을', '왜'란 말을 사용한다는 점이다. 그 다섯 가지 의문사를 종종 '5W 언어'라고 부른다.

"언제까지 잠을 안 자고 있을 거니!"
"어디 가는 거야!"
"누가 그런 데 버리랬어!"

"뭐 하고 있는 거야!"
"어째서 그런 행동을 하는 거니!"

어른이라면 그 말만으로도 '아, 이제 자라는 거구나'라든가, '아, 이쪽으로 가면 안 되는구나' 등의 추측을 할 수 있지만 들은 말 그대로 받아들이는 어린아이는 그렇게 해석하지 못한다.

"언제까지 잠을 안 자고 있을 거니!"라는 질문을 받으면 "몰라요"라고 하고, "어디 가는 거야!"라고 물으면 "저기"라고 한다. 5W 언어를 사용한 꾸짖기는 단지 질문을 하는 의문문에 불과하다. 아이는 어떻게 하면 좋은지, 무엇을 요구받고 있는 것인지 아무것도 알 수 없다. 부모는 아이가 해야 하거나 하길 바라는 것을 직설적인 화법으로 전달하는 것이 중요하다.

언제까지 잠을 안 자고 있을 거니 ⟶ 이제 그만 자렴

어디 가는 거야 ⟶ 이리로 오렴

누가 그런 데 버리랬어 ⟶ 거기에 버리면 안 돼

뭐 하고 있는 거야 ⟶ 빨리 정리하렴

어째서 그런 행동을 하는 거니 ⟶ 그렇게 하면 안 돼

아이는 정확한 지시를 받으면 의외로 고분고분하게 그 말 그대로 움직인다. 책상에 올라가 있다면 "어디 올라가는 거야!", "어째서 올라간 거니!"라고 하면 좀처럼 내려오지 않지만, "내려오렴"이라는 말 한마디에는 싱겁게 내려온다. 매를 들고 싶어졌을 때는 5W 언어를 사용하지 말고 해야만 하는 행동을 구체적으로 표현하자. 그것만으로도 훌륭한 훈육이 된다.

"신발"이 아니라 "신발을 신으렴"

"위험해!"
"그만해!"

잘못을 지적할 때 대부분의 엄마들은 짧은 말로 외친다. 하지만 앞의 예에서처럼 추상적인 말은 아이가 이해하기 어렵다. "떨어지니까 위험해"라는 식으로 이유를 덧붙이는 것이 좋다. 제대로 훈육을 하기를 원한다면 12개월 미만의 아기에게라도 이유를 덧붙여 가르쳐준다. 무작정 단어만 외칠 때보다 부모의 의도가 잘 전달되어 효과적이다.

'구체적인 말'로 알려주자

'5W 언어'를 사용하지 않는다

어디 가는 거니 × ⟶ 이리로 오렴 ○

뭐 하는 거야 × ⟶ 위험하니까 그만해 ○

왜 그런 행동을 하는 거니 × ⟶ 젓가락으로 먹으렴 ○

단어만 사용하며 생략하지 않는다

팔꿈치! × ⟶ 팔꿈치를 대면 안 돼 ○

다리! × ⟶ 다리 내리고 바르게 앉자 ○

신발! × ⟶ 신발을 가지런히 벗자 ○

말은 아이의 머릿속에 축적이 된다. 태어날 때부터 들은 말은 한 살부터 말로 나타나고, 두 살 때 들은 말은 세 살에 활짝 꽃을 피운다. "팔꿈치!", "다리!", "신발", "모자!"처럼 단어로만 이루어진 표현은 아이에게는 이해하기 어려운 지시다. 아래의 예에서처럼 동사를 생략하지 말고 아이에게 지시하는 것이 좋다. 그러면 아이는 그 말 그대로 할 것이다.

팔꿈치! ⟶ 팔꿈치를 대면 안 돼

다리! ⟶ 다리 내리고 바르게 앉자

신발! ⟶ 신발을 가지런히 벗자

모자! ⟶ 모자를 쓰지

야단치지 않아도 말을 듣게 하는 마법

아이를 훈육할 때 5W 언어를 사용하지 않고 직접적으로 아이에게 말해주거나 하고자 하는 말을 하나의 단어로 생략하지 말고 제대로 된 표현으로 아이에게 말해주는 것은 매우 중요하다. 실제 교육 현장에서도 이 두 가지는 정말로 도움이 된다.

어린이집이나 유치원의 점심시간은 항상 시끌벅적하다. 딴 데 보고 있는 아이, 남의 일에 참견하는 아이, 밥은 제쳐두고 무엇인가에 빠져 있는 아이들로 정신이 없다. 점심시간만 되면 어느 반이든 "어디 쳐다보는 거니?", "발, 발!", "젓가락!"처럼 5W 언어와 단어로만 이루어진 선생님들의 외침이 난무한다.

그런데 어느 날 내가 "자, 앞을 보자.", "발은 내리고", "위험하니까 젓가락은 가지런히 들자"라고 간단한 이유를 덧붙여보았다. 아이들에게 해야 하는 행동을 구체적으로 전했더니 우리 반 아이들은 모두 말 그대로 행동을 했다. 꾸지람은 한마디도 하지 않았다. 그런데도 내가 말한 그대로 계속 따라주었다. 꾸짖지 않아도 말을 들어주니 이보다 편리한 방법은 없었다. 그야말로 '야단치지 않는' 교육인 것이다.

'야단치지 않는' 교육 5

평소의 목소리로 야단친다

흥분을 가라앉히고 차분하게 야단친다

흥분한 상태에서 아이에게 야단을 치게 되면 말투가 격해지거나 빈정거리는 투가 되거나 혹은 언성을 높이게 된다. 최악의 경우 회초리를 들게 되는데 그러한 방법으로는 아무것도 해결되지 않는다. 아이를 야단칠 때는 감정을 배제하고 차분하게 말해주어야 한다.

그런데 이상하게도 감정적인 된 엄마에게 "그렇게 흥분하지 마세요"라고 하면 대개의 경우 "흥분하지 않았어요! 주의를 주고 있는 것뿐이에요!"라면서 감정적으로 대꾸한다. 감정적이 되었을 때는 스스로 그 사실을 눈치채지 못하고 타인에게 지적받아도 인정하기 어려운 법이다. 그래서 자신이 감정적이 되어서 야단치고 있는지 아닌지를 확인할 수 있는 방법이 있다. 그것은 너무나 간단하다.

'아이를 안은 상태로 야단칠 수 있는가'라고 스스로에게 묻는 것이다. 이때 대답이 'YES'라면 이성적, 'NO'라면 감정적인 상태라고 볼 수 있다. 나는 나 자신이 지금 감정적으로 야단치고 있지 않은지 확인하기 위해 항상 아이를 안고 야단치는 방법을 사용한다. 다섯 살 정도의 큰아이도 마찬가지다.

한두 살 먹은 아기도 아니고 다섯 살 정도나 되는 아이를 안은 상태로 야단치는 게 가능한가 의문이 들 수도 있다. 안고 야단치는 게 힘들다면 두손을 꼭 잡고 야단치는 방법도 있다.

"아까는 어째서 친구를 때렸니? 절대로 때리면 안 돼!"

말투는 강하더라도 두손을 잡고 있는 것만으로도 아이는 야단맞고 있지만 엄마에게 애정을 느낄 수 있다. 그러나 흥분한 상태에서는 아이 손을 잡고 야단치기 역시 불가능할지 모른다.

감정이 가득한 채 흥분해서 야단치는 것도 안 좋지만 너무나도 상냥한 말투로 말하는 것도 바람직하지 않다. 자칫 잘못하면 아이가 자기의 행동이 잘못된 것인지 모를 수가 있기 때문이다. 화난 것도 아니고 상냥한 것도 아닌 지극히 평범한 말투면 된다.

아들이 우유를 엎질렀다면 "아휴, 정말! 어째서 조심성이 없니?"라고 갑자기 크게 소리치는 것이 아니라 "조심해서 넣어야지, 흘리지 않게"라고 지극히 평범한 말투로 말해준다. 그 말 안에 충분히 훈육이 들어 있다.

'야단치지 않는' 교육 6

벌로 협박하지 않는다

"정리 안 하면 두고 갈 거야"라는 말에 우는 아이

뜻밖에도 아이는 두 살이 넘으면 울지 않는다. 당장 어린이집에 가서 시험을 해봐도 좋다. 어린이집 어딘가에 숨어서 들어보면 안다. 어린아이들이 그렇게나 많은데도 우는 소리는 거의 들리지 않을 것이다.

두 살 넘은 아이는 기분 좋게 지낼 수만 있다면 좀처럼 울지 않는다. 다만 아프거나 무섭거나 차가운 말을 들었을 때 아이는 운다.

"빨리 안 오면 두고 갈 거야."

이런 말을 들으면 아이는 금세 울어버린다.

"정리 안 하면 이제 안 데려간다"
"아기 반에 돌려보낸다"

"○○하지 않으면 ○할 거야", "○하지 않으면 ○해주지 않을 거야", "그런 행동을 하면 ○할 거야"와 같은 말은 일종의 협박이다. 이런 말을 들으면 어른이라도 울고 싶어진다.

이런 식으로 야단치는 방식을 나는 '벌 사전예고'라 부른다. 무의식중에 이런 표현을 사용하는 엄마는 사실 굉장히 많다. 이 방식은 즉각적인 효과가 있기 때문이다. 벌을 넌지시 비치면 싫은 것을 피하기 위해 대부분의 아이들은 마지못해 어른의 말을 듣는다. 하지만 이것은 협박을 해서 아이를 따르게 하는 것이다.

이렇게 협박을 해서 말을 듣게 하면 일시적으로는 효과가 있다. 하지만 아이의 마음에는 반발심만 남을 뿐 참된 의미에서는 행동이 바뀌지 않는다.

남자아이의 행동을 이끄는 것은 바람이 아니라 해님이다

앞에서 말한 바와 같이, 아이의 행동을 바꾸기 위해서 협박과도 같은 바람의 방식 대신 마음에 호소하는 해의 방식을 대신 사용하는 것이 정답이다.

'○○하지 않으면 ○할 거야'에서 '○○'에 '벌'이 되는 내용이 들어가는 것은 바람의 방식이다. 이것을 반대로 하면 해의 방식이 된다. 즉, '○○' 안에 '포상'이 되는 것, 아이가 좋아하고 즐거워할 만한 것을 넣으면 된다.

"정리하지 않으면 이제 안 데려간다"
가 아니라
"정리 다 하면 같이 밖에 나가자"
라고 한다거나
"텔레비전만 보고 있으면 간식은 없을 줄 알아"
대신
"텔레비전 끄면 간식 먹자"
라고 긍정적인 말로 유도한다.

아이의 행동을 이끌어내기 위해서는 '이것을 하면 좋은 일이 생긴다'라거나 '이것을 하고 나면 기쁜 일, 즐거운 일이 기다리고 있단다'라는 식으로 아이를 기대하게 만드는 것이 좋다. 이런 말투를 사용하기만 해도 아이는 스스로 움직인다. 이렇게 유도하는 엄마의 말에 아이는 "네!"라고 고분고분 대답한 뒤 재빨리 정리를 시작하고 텔레비전을 끌 것이다.

이처럼 '벌 사전예고' 대신 '좋은 일 사전예고'를 하면 아이는 그 '좋은 것'을 얻기 위해 귀찮거나 싫은 것일지라도 열심히 하려고 한다. 어떻게 하면 아이를 스스로 하고자 하는 마음이 들게 할 것인가. 그에 따라 엄마가 아들 교육을 잘 시키고 있는지 아닌지 판가름이 난다.

Q&A
남자아이의 이런 점이 힘들어요!

Q

아이가 "고마워"나 "미안해"라는 말을 안 해요.
"안녕"이라고 인사를 받아도 모르는 척해요.
예절을 모르는 아이로 자랄까봐 걱정이에요. (4살)

A

작은 목소리라도 말할 때마다 칭찬해주세요.

아이는 인사말을 하는 것을 부끄러워 합니다. 게다가 어른과 달리 아이는 인사 없이도 인간관계가 성립되는 세계에서 살고 있기 때문에 평소 인사의 필요성을 느끼지 못합니다. 그렇다고는 해도 앞으로 아이에게도 인사는 필요하니 이제부터라도 조금씩 말할 수 있게 하는 것이 좋습니다.

지금은 "안녕하세요"는 서툴러도 "잘 먹겠습니다"나 "감사합니다" 정도는 말할 수 있다면 이것으로도 충분합니다. 중요한 것은 말하기 쉬운 인사말부터 시작하는 것입니다. 말하지 않았을 때 야단치는 것이 아니라 작은 목소리라도 말했을 때 잊지 말고 칭찬해주는 것도 중요합니다.

남자들은 칭찬에 약합니다. 어린 남자아이나 어른이나 마찬가지입니다. 불평하는 대신 칭찬해주는 것으로 모든 남자들이 거의 움직입니다. 믿기 힘들다면 남편이나 아버지, 직장동료에게 한번 시험해보는 것도 좋을 거예요.

'야단치지 않는' 교육 7

하루에 30번 아이를 웃게 만든다

호되게 야단치더라도 엄마의 사랑을 느낄 수 있게 한다

아이를 교육시킬 때는 화를 내거나 호되게 야단치지 말고 부드럽게 가르치는 것이 중요하다. 이때 부모는 감정적이 되지 않도록 노력해야 한다.

 말은 쉬워도 막상 가르치려면 힘든 것이 사실이다. 아무리 말을 해도 안 들을 때 아이에게 욱하는 마음이 들기도 한다. 좋은 엄마가 되는 법을 알려주는 육아서 같은 것을 보면 아이에게 절대로 화를 내면 안 된다고 하는데, 그러면 '나는 나쁜 엄마인가' 자책감이 들 때도 있다.

　아이를 키우다 보면 꾸짖을 때도 분명히 있다. 평소 내 아이를 최우선으로 생각하며 충분한 애정을 주고 있는 엄마인 만큼 아이가 잘못하면 화를 낼 수도 있다. 화내는 엄마일지라도 그 밑바탕에는 자신에 대한 애정이 충분히 있다는 것을 아이는 알기 때문에 아무리 야단을 맞아도 엄마를 가장 좋아한다. 그 대신 화를 낸 뒤에는 애정 어린 미소로 아이에게 엄마의 진심을 전해주는 것이 좋다. 아이는 엄마의 웃는 얼굴을 보는 것만으로 미소를 짓게 된다.

나는 엄마들에게 아이를 10만 번이라도 웃게 만들어주라고 이야기한다. 10만 번은 태어나서 열 살까지의 10년간이다. 아들이 하루에 30번 웃게 된다면 10년이면 약 10만 번이 된다.

어린 시절 10년간 하루 30번 웃은 경험이 있는 아이라면 분명 건강하게 무럭무럭 자랄 것이다. 사춘기를 거쳐 어른이 되고 힘든 상황에 직면하더라도 반드시 극복할 수 있다.

웃음 가득한 얼굴로 진심을 전하라

아이들은 어른처럼 거짓으로 웃음을 짓지 못한다. 억지로 웃지도 못한다. 정말로 기쁘고 즐겁고 재미있지 않으면 웃지 않는다. 아이가 웃는 것은 정말로 기쁠 때, 즐거울 때, 재미있을 때뿐이다. 그런데 어떻게 아이를 하루에 30번 웃게 만들 수 있을까?

아이를 하루에 30번 웃게 만드는 것은 정말 간단하다. 아이는 아주 조금이라도 '기쁘다', '즐겁다', '재미있다'는 느낌이 들면 웃어주기 때문이다. 아이는 엄마나 아빠가 돼지처럼 꿀꿀거리며 콧구멍을 뒤집어 보이기만 해도 까르르 웃는다.

아이를 웃게 만드는 가장 좋은 방법은 따로 있다. 그것은 엄마의 웃는 얼굴을 보여주는 것이다. 호되게 야단을 맞아서 풀이 죽어 있을 때라도 엄마가 얼굴 한가득 웃는 표정을 보여주면 아이는 금세 따라 웃는다.

하루에 30번, 10살까지 10만 번. 억지웃음이 없는 어린 시절에 그만큼 웃었다는 건 어린 시절에 기쁜 일, 즐거운 일이 10만 번이나 있었다는 뜻이다. 그런 아이는 반드시 바르게 자란다.

엄마의 아주 작은 변화로 아이는 크게 달라진다
포기하면 육아에 여유가 생긴다
첫 마디는 칭찬으로, 지적은 그다음에
'엄마는 우리 아들을 아주 많이 사랑한다'는 말에 아이는 안심한다
10초만 호기심을 만족시켜주면 아이는 차분해진다
작은 소원을 많이 이루어주면 아이는 행복하다
엄마만큼 아이를 생각하는 사람은 없다
3가지만 갖추면 육아는 반드시 성공!
아이는 엄마의 웃는 얼굴을 기다린다

제3장

부모가
5%만 변해도
아이는 50% 변한다

엄마의 아주 작은 변화로
아이는 크게 달라진다

95%는 지금 그대로 충분하다

아들 키우기가 힘든 이유는 아들이 남자, 즉 이성이기 때문이다. 내 배 아파 낳은 아이지만 한 살이 되면 이제 남자다. 여자인 엄마의 입장에서 아들은 이해할 수 없는 행동을 많이 하는 게 사실이다. 이때 '남자니까 어쩔 수 없지'라고 체념하면 어느 정도는 마음이 편해진다. 전에는 아이의 행동에 일일이 "어째서 ~인 거야?", "어째서 ~하니?"라고 항상 의문문으로 추궁했는데 '남자니까 어쩔 수 없지'라고 인정하는 순간 깨달음을 얻게 된다.

"왜 그렇게 더러운 걸 만지니? 으악! 그 손으로 엄마한테 오지 마!"라며 히스테리컬하게 대응하던 것도, "우리 아이의 호기심은 도저히 감당할 수가 없네. 뭐 어때, 손이야 씻으면 되지"라고 약간은 쿨하게 반응할 수 있지 않을까.

그러나 역시 육아는 아침부터 밤까지 365일 쉴 새 없이 이루어지는 노동이다. 하루 종일 아이에 시달리다 보면 짜증이 나거나 감정적으로 화가 날 때도 있다. 자녀교육에 관심이 많은 엄마일수록 '책에는 화내지 말고 아이를 교육시키라고 나와 있는데 또 화내고 말았네. 난 정말 나쁜 엄마인가….'라며 자책하기도 한다.

자녀교육 전문가들은 하나같이 '부모가 바뀌면 아이도 바뀐다'라거나 '엄마가 먼저 변해야 한다'고 강조하지만, 말처럼 쉽지 않다. 자기 성격을 바꾸면서까지 아이를 위한 변화를 시도해야 하는 건지 회의감이 들 수도 있다.

사실 엄마들이 바뀔 필요는 있다. 그렇다고 머리끝부터 발끝까지 다 바꾸라는 것은 아니다. 아이를 대하는 방식을 아주 조금만 바꾸라는 것이다. 엄마가 5%만 바뀌어도 아이는 50% 달라진다. 이렇게 되면 거짓말처럼 육아가 편해진다.

포기하면 육아에 여유가 생긴다

포기한다는 것은 있는 그대로를 인정하는 것

포기한다는 것이 무조건 참으라는 것은 아니다. 엄마라면 아이를 위해 어느 정도 희생해야 한다는 것도 아니다. 여기서 포기한다는 것은 있는 그대로를 인정한다는 의미이다.

사실 엄마는 아들이 태어난 후로 많은 것을 포기한다. 아기가 돌이 채 안 됐을 때 '우리 아기가 말을 할 수 있다면 얼마나 좋을까'라는 생각을 하게 되는데, 이때 엄마는 아기가 말하는 것에 대한 기대를 포기한다. 포기했기 때문에 아이가 말을 못 해도 초조해하지 않는다. 아기가 말을 못 한다는 것을 인정하고 있기 때문에 대답해주지 않을 걸 알면서도 일방적으로 말을 걸 수 있다. 많은 것들을 포기하며 아기의 모든 것을 통째로 인정했기 때문에 아기가 웃어주기만 해도 엄마는 그저 활짝 웃을 수 있다.

포기하고 인정하는 것은 아이가 한 살이 되건 두 살 세 살이 되건 마찬가지로 중요하다. 한두 살이 되면 그제서야 아이는 말은 할 수 있게 된다.

그다음 단계는 걷는 것인데, 이때는 빨리 걷는 것을 포기해야 한다. 혼자서 간다면 5분이면 갈 수 있는 거리도 아이와 함께라면 10분 이상 걸린다. 이때는 5분 만에 가는 것을 포기하고 10분 이상 걸어가야 한다는 것을 인정해야 한다. 이것을 포기할 수 있는 엄마에게는 대신 좋은 일이 생긴다. 짜증낼 일이 없고 웃음이 늘어난다. 아이에게도 엄마 자신에게도 마찬가지다.

못하는 게 당연하다고 생각하자

반면, 아이와 함께 가는 것임에도 5분 만에 가는 걸 포기할 수 없는 엄마는 아이가 빨리 걷지 못하는 것이 짜증의 원인이 된다. 그렇게 되면 아이를 재촉하고 자신도 모르는 사이에 아이에게 야단을 치며 걷게 된다. 하지만 10분 걸리는 게 당연하다고 생각하는 엄마는 길가에 피어 있던 민들레를 아이와 함께 만지기도 하고 하늘을 나는 비행기를 가리키며 함께 웃을 수 있는 여유도 생긴다. 그것은 5분 만에 가는 것을 포기했기 때문이다.

남편과의 관계도 마찬가지다. 몇 번 말해도 소용없고 화가 머리끝까지 올라오는 상황이이라면 한번 큰맘 먹고 포기해보길 바란다. 그러면 남편에 대해 그렇게 많이 쏟아냈던 불평의 말들이 더 이상 나오지 않게 되고, 불평은커녕 아이에게 말하듯 부드럽게 말을 걸 수 있게 될지도 모른다.

첫마디는 칭찬으로, 지적은 그다음에

먼저 아이의 마음을 받아준다

'포기한다는 것', '인정한다는 것'이 중요한 것은 알아도 일상생활 속에서 실천하기는 상당히 어려운 법이다. 스스로는 인정하고 있다고 생각하지만 행동으로는 나오지 않을 때도 있다.

평소 아이를 인정하고 있는지 아닌지 손쉽게 알아볼 수 있는 방법이 있다. 아이와 함께 있을 때, "아휴, 정말!"이라는 말이 바로 나오는지 안 나오는지를 확인하는 것이다. "아휴, 정말!"은 상대를 인정하지 않을 때 나오기 쉬운 말이기 때문이다.

일전에 이런 일이 있었다. 엄마들이 체육관에서 배구 연습을 하고 있었는데 세 살 정도 된 남자아이가 2층 관중석에서 "엄마~!"하며 갑자기 손을 흔들었다. 그러자 아이의 엄마는 "잠깐, 아 정말! 어딜 올라간 거니! 빨리 내려와!" 엄마의 호통에 아이는 기가 죽어서 마지못해 내려왔다. 엄마의 그 말은 아이의 행동을 인정하고 있지 않기 때문에 나온 것이다.

그럼 어떻게 하면 좋았을까? 아이는 엄마가 알아봐주길 바라는 마음에서 엄마를 불렀다. 자신을 알아보고 엄마가 손을 흔들어주길 바랐던 것이다. 그런 마음에서 엄마를 부른 것이니 "그래~"라고 대답하며 손을 흔들어주고 나서 "그치만 거기 올라가면 안 돼, 어서 내려와"라고 말하면 된다. 그러면 자신의 행동과 마음을 조금은 인정받았기 때문에 아이는 기뻐서 스스로 내려올 것이다. 자신이 인정받았다고 느낀 아이는 자신을 인정해준 사람의 말을 들을 마음의 준비가 되어 있다.

처음에는 아이를 인정해주는 말을 하고 그다음에 아이의 잘못된 점을 지적하는 것이 올바른 육아법이다. 이렇게 함으로써 아이가 깜짝 놀랄 만큼 변하는 경험을 했다는 엄마를 주변에서 여러 명 보았다. 어려울 것 같다고 생각하는 엄마가 있다면 "아휴, 정말!"이라고 말하지 않는 습관부터 먼저 들여보자. 그것만으로도 아이는 아주 크게 바뀔 것이다.

"그러네, 하지만~"의 형태로 말한다

어린이집 교사 시절에 이런 일도 있었다. 그날은 네 살 짜리 반 아이들과 함께 운동회 때 쓸 깃발을 만들었다. 일과를 마치고 아이를 데리러 온 엄마에게 아이가 오늘 깃발을 만들었다며 귀여운 깃발을 보여주었다. 그때 엄마 입에서 나온 첫마디는 "어머, 동그라미는 좀 더 크게 그렸어야지"였다. 기뻐해줄 거라고 생각하며 자랑스럽게 깃발을 보여주었는데 아이가 엄마로부터 처음 들은 말은 칭찬이 아니라 지적이었다. 아이는 아무말도 못하고 실망한 표정이 역력했다.

이처럼 아이가 하는 행동이나 말에 아무 생각없이 비판부터 하는 엄마가 굉장히 많다. 그렇게 해서는 동그라미를 더 크게 그리거나 모양을 좀 더 현실감 있게 만들길 바라는 엄마의 희망은 전해지지 않는다. 모처럼 자기가 만든 걸 엄마에게 자랑스럽게 내밀었는데 아이가 상처를 받게 해서는 안 된다.

이럴 때 어떻게 하면 아이를 웃게 만들 수 있을까. 먼저 "어머! 깃발을 만들었구나, 멋지네", 또는 "잘 그렸네"라고 칭찬부터 해주는 것이 좋다. 칭찬의 말로 아이를 인정해주고 난 다음에 "그런데 말야, 빨간 원을 좀 더 크게 그리면 어떨까?"라고 말하면 된다. 그러면 아이는 "응~"이라고 대답할 것이다. 그리고 속으로 '다음에 그릴 때는 빨간 원을 크게 그려야지'라고 생각할지도 모른다.

앞서 예로 든 엄마 배구단의 남자아이도 마찬가지다. 먼저 반갑게 응대해주고, 그것이 위험한 행동이면 그다음에 이야기해준다. 아이들에게 비판적인 말을 하지 말라는 뜻이 아니다. 얼마든지 해도 된다. 다만 지적은 첫 마디가 아니라 두 번째 말에 하도록 한다. 엄마가 아이에게 이러한 방식으로 전달하는 게 습관이 되면 아이는 정말로 바뀐다.

'엄마는 우리 아들을 아주 많이 사랑한다'는 말에 아이는 안심한다

싫어서 화내는 게 아니라는 것을 보여주라

내 아이를 사랑하지 않는 엄마가 어디 있을까? 모든 엄마는 아들에게 넘치는 애정을 갖고 있지만 그 마음을 말로는 잘 표현하지 못한다. 너무나 당연해서 굳이 말로 할 필요가 없다고 생각할지 모르지만 사랑의 말은 자주 표현해주는 것이 좋다.

예를 들어, 아들의 유치원 졸업식이나 초등학교 입학은 엄마에게도 매우 기쁜 일이다. 그런데도 졸업식 무렵 아들을 향해 하는 말은 "그런 행동을 하면 학교에 못 들어가"라거나, "그렇게 아기처럼 굴면 다시 유치원에 돌려보낸다"라는 것들이다. 아이가 싫어할 만한 말들이다. 아이를 너무 사랑하는데도 엄마 입에서는 항상 사랑과는 반대의 말이 튀어나온다.

이런 일은 평소에도 자주 있다. 아이는 "우리 아들, 사랑해"라는 말은 들은 적이 별로 없다. 대신 들리는 건 언제나 엄마의 화난 목소리뿐이다. 그러면 아이는 '엄마는 나를 싫어하는구나', '사랑하지 않으니까 화를 내는구나'라고 생각해 버린다. 실제로 그렇게 생각하는 아이가 많다.

아들도 역시 아이일 뿐이다. 어찌 보면 여자아이보다 더 단순하다. 아이에게 새삼스럽지만 "엄마는 우리 아들을 많이 사랑한단다"라고 속마음을 자주 표현해주도록 하자. 사랑의 말을 전하기에 가장 좋은 건 목욕할 때다. 욕조에 몸을 담그고 있을 때는 긴장이 풀려서 마음이 차분해지기 때문에 속마음을 나누기에 더없이 좋다. 아이에게 이런 느낌으로 한번 말해보자.

엄마 : "있잖아, 엄마가 자주 화내지?"

아들 : "응"

엄마 : "왜 그런지 알겠니?"

아들 : "아니"

엄마 : "그건 말야, ○○를 많이 사랑해서 그런 거야. 아주 많이 사랑하니까… 우리 ○○가 좋은 아이가 되었음 좋겠어서 화내는 거야. 많이 화내서 미안해. 그렇지만 엄마는 우리 아들 아주 많이 사랑해."

이것만으로도 충분하다. 솔직히 이것이 엄마의 진심이니까 말하기 쉬울 것이다. 목욕을 마치고 나와 벗은 채 뛰어다니는 아이에게 평소와 마찬가지로 "벗고 돌아다니지 마!"라고 화를 내도 괜찮다. 아들은 '엄마는 나를 사랑해서 화내는구나'라고 안심할 것이다. 오히려 장난기가 발동할지도 모른다. 두 살이 넘으면 이따금씩 아이에게 엄마의 속마음을 표현해보도록 하자.

10초만 호기심을 만족시켜주면
아이는 차분해진다

금방 싫증 내는 것이 아니라 금방 만족하는 것이다

동물원에 가면 아이는 신이 나서 "이거 보고 싶어", "저거 보고 싶어" 하며 돌아다닌다. 아이가 보고 싶어 한 사자를 보여주면 이번엔 10초도 안 돼서 옆의 고릴라 우리로 가자고 한다. "아, 고릴라가 보고 싶었구나, 그럼 저리로 가자"라며 함께 이동하면 또 어느새 그 옆의 호랑이 우리로 가려고 한다. 아들 키우는 엄마들은 다들 이런 경험이 있을 것이다.

어린아이들은 동물원에서는 다 그렇다. 그것은 '금방 싫증을 내기' 때문이 아니다. 아이는 '금방 만족하기' 때문이다. 아이는 무엇이든 아주 조금만이라도 금방 만족할 수 있다. 사자나 고릴라나 호랑이나 10초 정도만 보면 충분히 만족한다. 아마 아이를 우주여행에 데려간다고 해도 그 아름다운 지구를 10초 정도 보면 만족해하고 그런 다음엔 등 뒤에 있는 버튼이나 계기판을 만지작거리지 않을까. 특히 남자아이라면 더 그렇다.

엄마는 "이거 하고 싶다"거나 "저거 하고 싶다"와 같은 아이의 별것 아닌 소원조차 "안 돼"라고 금지하기 쉽다. 사실 아이들은 아주 조금 허락해주거나 해보게 하기만 해도 두 번 다시 조르지 않는다. 금지할 때는 그렇게 울어대서 난처하게 만들더니 아주 조금 허락했는데도 아이는 거짓말처럼 얌전해진다.

보고 싶은 건 잠깐이라도 봐야 직성이 풀린다

얼마 전에 병원 대기실에서 다음과 같은 광경을 본 적이 있다. 한 살 정도 되는 남자아이를 엄마가 무릎에 앉힌 채 그림책을 읽어주고 있었다. 그런데 '역시나'라고 해야 할지, 아이는 엄마 무릎에서 주르르 내려와 진찰실 쪽으로 종종거리며 걸어갔다. 엄마는 "안 돼, 안 돼"

라며 황급히 아이를 데려와서 무릎 위에 다시 앉혔다. 그러자 아이는 다시 진찰실 쪽으로 갔다. 엄마는 다시 "안 돼, 안 돼"라며 데려오고, 아이는 또 빠져나가고 끝없는 반복이었다.

대부분의 엄마들이 이와 비슷한 경험이 있을 것이다. 이럴 때 어떻게 할까. 나도 아들이 어렸을 때 그와 똑같은 경험이 있다. 나는 아들이 몇 번이나 진찰실로 향했기 때문에 '아, 진찰실 안을 들여다보고 싶은 거구나'라고 생각해 아이를 안아서 진찰실 안을 살짝 보여주었다. 그리고 "봐봐, 선생님이 계시지, 조금 있다 우리도 여기서 선생님한테 진찰 받자"라고 이야기해주었다. 그랬더니 그것으로 끝이었다.

그 후 아들은 진찰실 쪽으로 두 번 다시 가지 않았다. 보고 싶은 것을 볼 수 있었기 때문에 충분히 만족한 것이다. 아이가 보고 싶어 하는 시간은 아주 잠깐이다. 5분도 아니고 10분도 아니다. 아이는 아주 조금이면 만족한다. 진료실 안을 보여주는 데 불과 10초도 안 걸렸다. 욕구를 충족하고 나서 아들은 얌전히 소파에 앉아 있었다. 유난히 제멋대로인 요청도 아니고, 들어준다고 해서 큰 문제가 생길 만한 소원이 아니라면 아이의 작은 소망은 들어주도록 하자. 아주 조금이라도 아이는 만족해한다. 조금이라도 소원이 이루어졌기 때문에 아이는 거짓말처럼 차분해진다.

금지하면 오히려 더 산만해진다

특히 남자아이는 호기심이 왕성하기 때문에 무엇이든 바로 만지려고 손을 뻗거나 어딘가로 사라지거나 한다. 그렇다고 해서 계속 금지하기만 하거나 전혀 못 하게 하면 아이는 더욱 산만해진다.

나는 어린이집에서 일할 때 아이들의 작은 바람은 가능하면 들어주려고 했다. 예를 들어, 식사 중에 소방차가 사이렌을 울리며 지나가면 아이들은 궁금해서 모두 일어나려고 한다. 그럴 때 잠깐 창문가로 데려가서 보여주면 아이들이 완전히 달라진다. 금지했을 때와 살짝 보여주었을 때 아이는 전혀 다른 모습을 보인다. 안 된다고 금지했을 때는 의자 위로 올라가거나 점프를 하거나 하며 아우성을 치지만 창가로 이동해서 조금(불과 5초 정도) 보여주고 나면 "자, 이제 돌아가자"라는 지시에 얌전히 따르고 마치 아무 일도 없었던 것처럼 계속해서 밥을 먹기 시작한다.

아이가 바랐던 그것이 그렇게 제멋대로인 바람이거나 타인에게 폐를 끼치는 것이 아닌 한 아주 조금 들어주기만 해도 아이의 태도는 몰라볼 정도로 바뀐다.

작은 소원을 많이 이루어주면
아이는 행복하다

어른과 달리 작은 희망조차 채워지지 않는 아이

아이의 일상을 떠올려보면 어른에 비해 얼마나 정말 별거 아닌 작은 희망조차 채워지지 않는지 알 수 있다. 어른은 길을 가다가도 '서점에 들렀다 가야지'라는 생각이 들면 들르고 싶을 때 언제든 들를 수 있다. '5분만 있어야지'라고 생각한다면 5분 동안, 30분 동안 책을 읽고 싶다면 30분 동안 머물 수 있다. 어른은 자신의 희망을 이처럼 모두 스스로 이룰 수 있다.

집에서 목이 마르면 냉장고를 열고 물이든 음료수든 좋아하는 것을 마신다. 밥을 더 먹는 것도 자유다. 이런 작은 희망을 스스로의 힘으로 이룰 수 있기 때문에 마음은 끊임없이 채워진다.

그런데 아이는 어떨까. 서점에 들르고 싶어도 "안 돼"라는 말을 듣고, 놀이터에서 좀 더 놀고 싶어도 "안돼. 이제 그만"이라는 소리를 듣는다. 주스를 더 마시고 싶다고 해도 "배부르면 밥 못 먹게 되니까 안 돼"라고 거절당하기 일쑤다. 어른이라면 매사 스스로의 힘으로 이루고 있는 사소한 수준의 희망조차 좀처럼 이루어지지 않는다. 조금 채워지기만 해도 만족하는데 말이다.

아이가 "주스 한 잔 더 주세요"라고 한다고 해서 컵 한가득 부어줄 필요는 없다. "배가 꽉 찼으니 요만큼만 마셔"라며 조금만 부어주면 된다. "한 잔 더는 안 돼"라고 말하는 것과 '조금만이라도 마시게 하자'라는 것에는 아이의 만족도가 다르다. 이렇게 작은 희망조차 채워지지 않는다면 아이는 어려서부터 좌절감을 맛보게 된다.

솔직히 말하자면 '한 잔 더'라는 아이의 요청에 찰랑거릴 정도로, 아이가 마시고 싶어 하는 만큼 부어주는 것도 나쁘지 않다. 어른이라면 누구의 허락도 받지 않고 다들 그렇게 하니까 말이다.

만족 주머니를 항상 가득 채워주자

사람에게는 '인내 주머니'와 '만족 주머니'가 있다. 몇 년 전 어느 강연회에서 내가 했던 이야기인데, 최근 한 중년여성으로부터 "선생님이 해주신 인내 주머니와 만족 주머니 이야기, 아직도 기억하고 있어요"라는 말을 들은 적이 있다. 이런 이야기다.

인내 주머니에는 스트레스가 쌓이고 만족 주머니에는 만족감이 쌓인다. 만족 주머니가 가득 찼을 때는 인내 주머니가 조금 부풀어도 괜찮지만 만족 주머니 안에 아무것도 들어 있지 않으면 약간의 스트레스가 찾아오기만 해도 인내 주머니의 끈이 쉽게 끊어져 버린다는 것이다.

부부관계도 마찬가지다. 평소 남편이 아내의 만족 주머니를 충분히 채워주고 있다면 가끔은 일방적인 요구를 해도 아내는 들어준다. 하지만 만족 주머니 내용물이 하나도 채워져 있지 않으면 인내 주머니의 끈이 쉽게 끊어져 별거 아닌 일에도 화를 낸다.

평소 아이의 작은 호기심을 채워주고, 들어줘도 아무 문제 없는 작은 소원들은 많이 들어주도록 하자. 작은 만족감이 채워져서 아이의 만족 주머니가 가득 차게 되면 아이의 성격도 좋아진다.

Q&A
남자아이의 이런 점이 힘들어요!

Q

슈퍼에 갔을 때 "사주세요"라는 요구를 들어주지 않으면 금세 짜증을 부려요. 무시하면 더 심해져요. (4살)

A

"정말 그러네, 그거 좋구나"라는 한 마디에 아이의 마음은 가라앉아요.

세 살부터 다섯 살 사이의 아이가 자주 하는 말 중의 하나가 바로 "이거 사줘"입니다. 아이가 엄마에게 "이거 사줘"라고 말하는 것은 '저는 이것이 마음에 들어요'라고 의사 표현을 하는 것입니다.

　슈퍼의 진열대를 하나하나 지날 때마다 아이는 "이거 사주세요", "저거 사주세요"라고 쉬지 않고 말하는데, 이 말은 "이거 맘에 들어요", "저것도 마음에 들어요"라는 뜻입니다. 말하자면, 자신의 느낌을 말한 것이죠. 느낌을 말한 것뿐인데 엄마한테 야단을 맞거나 차가운 반응이 쏟아진다면 그것이야말로 아이에게도 짜증 나는 일일 겁니다.

　부부 사이도 마찬가지입니다. 부부가 함께 TV를 보다가 멋진 해외여행지가 소개되면 무심코 아내가 "나도 저런 데 가보고 싶다"고 말하는 경우가 있죠. 이때 남편이 "그런 돈이 어디 있어!"라고 소리 지른다면 아내가 얼마나 짜증이 날까요?

　아이의 짜증의 원인은 엄마의 냉담한 말에 원인이 있는 경우가 많습니다. 당장 사주지는 않더라도 공감하는 말로 대답해준다면 아이의 짜증도 반드시 줄어들 것입니다.

엄마만큼 아이를 생각하는 사람은 없다

우리 엄마는 몇 점?

'나는 엄마로서 몇 점일까?'

육아에 시달리다 보면 스스로 '나는 과연 좋은 엄마인가?' 자책을 할 때가 있다. 엄마들에게 스스로 엄마 점수를 채점해보라고 하면 "70점"이라고 대답하는 경우가 많다. 무척 겸손한 대답이다. 그런데 아이들에게 "엄마는 몇 점?"이라고 물으면 아이들은 "90점!" 또는 "100점!"이라고 대답한다.

아이들은 모두 엄마를 아주 좋아한다. 아이들이 엄마를 좋아하는 데는 분명히 이유가 있다. 아이는 다음과 같은 사람을 좋아하고 절대적으로 신뢰한다.

1) 나를 자주 칭찬해주는 사람
2) 나와 자주 놀아주는 사람
3) 나의 고통을 제거해주는 사람
4) 나에게 기쁜 말을 해주는 사람
5) 나를 웃게 해주는 사람
6) 나를 좋아해주는 사람
7) 잘 웃는 사람

엄마는 적어도 아이가 태어난 후 1년간은 자신도 모르는 사이에 이 일곱 가지 역할을 모두 한다. 그야말로 엄마의 본성이 발휘되는 1년간이다. 그러므로 아이는 이 처음 일 년 동안 엄마를 많이 좋아하게 된다. 이 일 년 동안 쌓아올린 엄마와 아들의 신뢰 관계는 절대적이다.

하지만 그 기간도 잠시, 엄마는 아들이 한 살이 넘을 무렵부터 잔소리를 많이 하게 된다. 그렇지만 그런 정도로 엄마에 대한 아이의 신뢰감은 결코 흔들리지 않는다. 아이를 누구보다 사랑하는 사람도 엄마고, 아이가 절대적으로 신뢰하는 사람도 엄마다. 아이를 가장 많이 혼내는 사람도 역시 엄마다. 그런 만큼 엄마는 아이에게 잔소리를 하거나 야단을 칠 자격이 있다.

화내지 않으려고 입을 닫는 것은 안 좋다

엄마는 분명 아이에게 평소에 화를 많이 내거나 잔소리를 많이 할지도 모른다. 하지만 그만큼 아이를 기쁘게 하는 말이나 행동도 엄마가 가장 많이 해준다.

엄마와 아이가 공원에 놀러갔다고 치자. 이때는 엄마 입에서 "위험해!", "그런 데 올라가지 마", "아휴, 정말", "그만해!" 같은 잔소리와 금지어가 총출동하게 된다. 그렇지만 "모래 쌓기를 해볼까?", "우와! 맛있겠다", "나뭇잎으로 접시를 만들어볼까?"라며 놀이를 권하거나 아이가 기뻐할 만한 말 또한 많이 한다.

아빠와 공원에 간다면 분명 잔소리나 금지어는 적을지도 모른다. 그렇지만 아이에게 말을 거는 횟수도 엄마에 비해 적다. 함께 놀이를 하더라도 아이의 언어로 대화를 주고받는 것이 어색하다. 아이가 모래를 케이크 모양처럼 해놓고 "아빠, 케이크야"라고 보여줘도 "그러네"

로 끝난다.

아이가 "배 아파"라고 말할 경우에도 그렇다. 엄마라면 "아휴, 정말! 아이스크림 너무 많이 먹으니까 그렇지!"라고 야단부터 치기는 하겠지만 바로 이어서 "어디 아파? 여기? 여기?" 하며 배를 쓰다듬어 주고 아이의 말에 귀를 기울인다. 그리고 "배 아플 때 먹는 약이 어디 있더라" 하면서 당장 약을 찾아서 먹여준다. 앞에서 '아이가 좋아하고 신뢰하는 사람 7가지 항목' 중 '자신의 고통을 제거해주는 사람'이 된 것이다.

아무리 잔소리를 많이 해도 엄마는 결국 나에게 잘해주니까 아이는 엄마를 많이 좋아한다. "저녁 뭐 먹고 싶어?"와 같은, 엄마에게 있어서는 아무렇지 않은 말도 아이에게는 기쁨이 된다. 자신을 기쁘게 해주는 그런 말을 엄마는 스스로 의식하지 못한 채 아이에게 많이 해주고 있다. 그래서 아이는 엄마를 많이 좋아하는 것이다.

엄마가 너무 많이 화내는 것도 곤란하지만 그렇다고 해서 '쓸데없는 말을 하면 안 된다'는 생각에 아이에게 아무 말도 하지 않는 것은 오히려 더 곤란하다. 거듭 말하지만 엄마가 변해야 하는 것은 5% 정도다. 95%는 하던 대로 하면 된다.

3가지만 갖추면 육아는 반드시 성공!

사랑하는 마음, 인간으로서의 상식, 미소 띤 얼굴

올바른 품성을 지닌 엄마가 자녀도 훌륭히 키워낸다. 특별히 자녀교육에 신경 쓰지 않아도 품성이 좋으면 아이도 잘 자란다. 아이가 어릴 때 가장 오랜 시간을 함께 보내는 사람이 엄마인 만큼 자녀교육에 있어서 엄마가 미치는 영향은 상당히 크다.

엄마가 다음과 같은 성격이라면 그 아이는 분명 훌륭하게 자랄 것이다.

첫째, 아이를 행복하게 만드는 사랑의 마음이 가득할 것

둘째, 인간으로서 지녀야 할 상식과 매너가 충분할 것
셋째, 늘 미소 띤 얼굴로 아이를 대할 것

    엄마에게 이 세 가지만 있다면 아이는 몸도 마음도 건강하게 잘 자란다. 간혹 엄마들 중에는 자신이 잘 못하고 있는 것은 아닌지 걱정스러워 한다. 하지만 괜찮다. 뒤에 나오는 표를 보면 알겠지만 아이를 행복하게 만드는 관계는 별것 아니다. 함께 걸을 때 손을 잡아준다거나 포근히 감싸안아준다거나 하는, 대부분 엄마들이 평소 이미 하고 있는 것들이다.

    상식이라는 것도 특별한 것이 아니다. 공동체의 일원으로 살아가는 데 필요한 기본 소양이 갖춰져 있는지, 사람에 대한 배려와 기본 예의가 있는지 하는 것이다. 대중교통 이용 중에 다른 사람의 발을 밟았다면 사과하는 것처럼 글자 그대로 상식적인 것들이다.

    다음의 체크리스트를 보고 아이에 대한 애정이 얼만큼 많은지, 인간으로서 지녀야 할 상식이 얼마나 갖춰져 있는지 확인해보길 바란다. 대부분의 엄마들이 갖추고 있는 것이므로 육아에 분명 자신감을 갖게 될 것이다.

✓ 체크해보세요

아이를 행복하게 만드는 엄마와 아이의 관계

일상생활 속에서 엄마가 아무렇지 않게 하는 다음과 같은 행동을 통해 아이는 엄마에게서 많은 애정을 느낀다. 엄마의 이런 행동은 아이에게 충분한 애정을 갖고 있지 않다면 불가능한 것들이기 때문이다.

대부분의 항목이 '뭐, 이 정도쯤이야'라고 생각할 수 있는 것들이다. 하지만 아직 아이 돌보는 게 서툰 경우 미처 체크하지 못한 항목도 있을 것이다. 그런 엄마라면 이제부터라도 조금씩 시도해보길 바란다. 그러면 엄마와 아이의 관계가 지금보다 더 좋아지고 더 많이 웃을 수 있게 된다.

1 밖에서 아이와 함께 걸을 때 손을 자주 잡는다. ☐

2 그림책을 자주 읽어준다(일주일에 한 번 이상). ☐

3 아이가 안아달라고 조르면 되도록 거절하지 않는다. ☐

4 아이가 좋아하는 노래나 캐릭터를 잘 알고 있다. ☐

5 책 속 부록의 만들기를 대신 해줄 수 있다. ☐

6 종이접기나 퍼즐놀이를 15분 이상 함께 해줄 수 있다. ☐

7 아이가 원한다면 무료로 나눠주는 풍선을 받기 위해 줄을 선다. ☐

8 아이가 어떻게 하면 웃는지 그 포인트를 잘 알고 있다. ☐

9 아이가 혼자 자기 싫어할 때는 잠들 때까지 옆에 있어준다. ☐

10 하루에 다섯 번은 아이와 마주 보고 웃는다. ☐

✓ 체크해보세요

육아의 기본, 엄마의 개념지수

개념을 갖추고 있는 사람과는 대화도 잘 통하고 옆에서 보기만 해도 마음이 편하다. 이런 사람은 육아도 기본을 갖추고 개념 있게 한다. 어떤 식으로 육아를 해야 할지 고민스러운 경우라도 아이의 눈높이에서 개념 있게 잘 처리한다.

    제시된 항목에 대부분 체크를 한 엄마라면 자신감을 갖고 육아를 즐겨도 좋다. 만약 체크를 하지 못한 항목이 많다면 남편이나 부모님 등 제삼자와 함께 다시 확인해보길 바란다.

1 대중교통을 이용할 때, 혼잡하다면 유모차를 접는다. ☐

2 대중교통을 이용할 때, 아이가 의자에 올라가 창밖을 보려고 하면 신발을 벗긴다. ☐

3 대중교통을 이용할 때, 다른 사람의 발을 밟았다면 사과한다. ☐

4 대중교통을 이용할 때, 휴대폰이 울리면 조용히 통화한다. ☐

5 공공장소에서 아이가 시끄럽게 떠들면 주의를 준다. ☐

6 식당에서 아이가 어지럽힌 것들은 간단히 치운다. ☐

7 만약 영화관에서 팝콘을 쏟았다면 직원에게 알린다. ☐

8 이웃이나 유치원의 다른 아이 엄마 등 지인을 만나면 인사한다. ☐

9 밤 9시가 넘어서 피아노 연주를 하는 등 이웃에게 들릴 정도의 큰 소리는 내지 않는다. ☐

10 아이의 문제로 남에게 주의를 받으면 우선은 사과한다. ☐

아이는 엄마의
웃는 얼굴을 기다린다

늘 웃음을 잃지 않는다

'엄마 체크'의 세 번째는 아이에게 많은 미소를 보여주고 있는지 아닌지를 알아보는 것이다.

여기에 세 개의 그림이 있다. 눈 모양은 모두 같고 입 모양만 다른데 전혀 다른 인상이다. A는 부드럽게 미소 띤 얼굴, B는 평범한 표정, C는 무뚝뚝한 표정을 보여준다. 대부분의 사람들이 보여주는 표정은 C다. 기분 나쁜 것이 아닌데 기분이 나쁜 것처럼 보인다. C그림처럼 입의 각도는 의식하지 않으면 내려가기 마련이다.

사람들은 거울을 보지 않고는 자신이 어떤 표정을 짓고 있는지 잘 모른다. 엄마들 역시 육아로 바쁜 하루하루를 보내다 보면 자기도 모르게 웃음이 사라진다. 이럴 때는 의식적으로 미소 띤 얼굴을 만들어보자. A그림처럼 살짝 입꼬리를 올리기만 해도 미소 띤 표정을 지을 수 있다.

웃는 사람의 얼굴을 보면 자기도 모르게 기분이 좋아지고 따라 웃기 마련이다. 엄마의 웃는 얼굴을 보여주기만 해도 아이는 웃게 된다. 어린이집이나 유치원에서 엄마 얼굴 그리기를 해보면 대부분의 아이가 웃고 있는 엄마를 그린다. 아이가 좋아하는 엄마의 표정 중에서 가장 좋아하는 것은 웃는 얼굴이다.

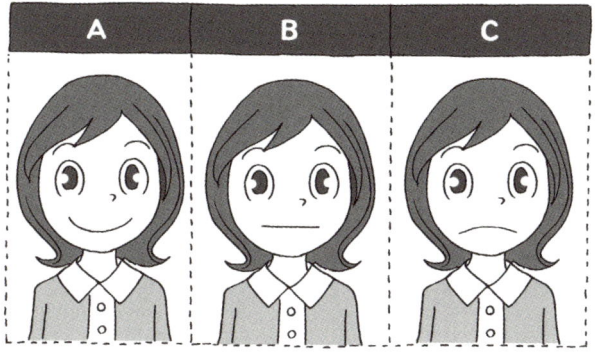

Q&A
남자아이의 이런 점이 힘들어요!

Q

금방 야단맞고도 도로 마찬가지예요. 몇 번을 말해도 고쳐지지 않아요. (3살)

A

'너무너무 하고 싶었다'는 마음을 알아주고 나서 주의를 주세요.

엄마가 볼 때는 문제 있는 행동이지만 아이에게는 그것이 너무나 매력적인 경우가 많아요. 그래서 아이는 몇 번이나 야단을 맞아도 또 반복하게 됩니다. 예를 들면, "횡단보도에서는 뛰지 마"라고 아무리 말해도 아이는 달리는 것이 너무 좋아서 야단맞고 난 뒤에도 곧바로 또 달립니다.

　몇 번을 말해도 고쳐지지 않을 때는 '그 행동을 아이가 상당히 좋아하는구나'라고 좋게 생각해보세요. 아이가 좋아하는 것을 보고는

'우리 아이의 성향을 알게 됐네' 하는 정도로 긍정적으로 생각하면 어떨까요?

다만, 위험한 행동을 하거나 친구를 때리거나 해서 그냥 넘어갈 수 없는 경우라면 주의를 주세요. 당장은 고쳐지지 않더라도 그때마다 주의를 주는 것이 좋습니다. 그럴 때라도 아이의 마음을 이해해 주는 말을 한마디 건네주는 것이 효과적입니다. 엄마의 따뜻한 말 한마디에 아이의 반응은 달라질 겁니다.

아들 키우는 엄마만 맛볼 수 있는 행복
아들은 엄마가 모르는 세상을 보여준다
군말 없이 따라주는 아들이 편하다
남자아이로 성장하는 것을 지켜보는 즐거움
체력으로 승부하는 놀이는 아빠에게

제4장 아들 키우는 재미가 따로 있다!

아들 키우는 엄마만 맛볼 수 있는 행복

딸 키우는 엄마 vs 아들 키우는 엄마

"친구네는 딸이라서 같이 쇼핑도 가고 부러워요"
"딸이라면 예쁜 옷도 입히고 예쁘게 꾸며줄 텐데, 우리 애는 남자 아이라서…"

아들 가진 엄마들은 이런 푸념을 자주 한다. 반면, 여자아이는 엄마에게는 항상 곁에 있는 꼬마 친구 같은 느낌이고 말도 통해서 여러 가지로 즐거움이 많다. 여자들이 좋아하는 것, 예를 들어 쇼핑하기, 수다 떨기, 맛있는 것 먹기 같은 것은 서너 살 어린 여자아이와 함께 즐기기에도 충분하다. 길거리에서 엄마와 딸이 쇼핑하는 모습을 보면 매우 즐거워 보인다.

남자아이는 조금 다르다. 쇼핑할 때 데려가도 산만하게 굴 때가 많다. 옷도 여자아이 것만큼 종류가 많지 않은 데다가 꾸며줘 봤자 본인은 조금도 기뻐하지 않는다.

그렇다고 아들 키우는 게 힘들기만 한 것은 아니다. 딸 키우는 재미 못지 않게 아들 키우는 재미 역시 만만치 않다. 아들 키우는 엄마 밖에 맛볼 수 없는 행복이 분명히 있다.

이번 장에서는 아들 키우는 엄마이기 때문에 경험할 수 있는 것, 아들 키우는 엄마들만 느낄 수 있는 즐거움을 소개하고자 한다. 남자인 필자는 잘 이해하지 못하는 부분이 있어서 두 아들을 키워본 경험이 있는 내 아내를 비롯해 수많은 베테랑 엄마들의 의견을 들어보았다.

아들은 엄마가 모르는 세상을 보여준다

남자아이의 최대 매력은 넘치는 에너지

"저는 딸만 있는 집에서 자라서 남자아이를 접할 기회가 없었어요. 어릴 때 놀이 상대도 전부 여자였기 때문에 제 아이를 갖기 전까지는 남자아이가 어떤 존재인지 아예 몰랐죠. 아들을 낳고 나서는 매일매일 놀람의 연속이었어요. 이렇게나 여자와 다르다니…. 아무튼 제가 알던 것, 해왔던 것과는 전혀 다르더라구요.

그런데 얼마 지나니까 그게 왠지 신선하고 너무 재미있는 거예요. 맨 처음엔 놀랍기도 하고…. 무엇보다 재미있었던 건 넘치는 에너지였어요. 아이는 태어나면서부터 바로 발을 버둥버둥거리더니 배밀이를 할 수 있게 되면서부터는 끝도 없이 기어다니는 거예요. 걸음마를 시작하면서부터는 하루 종일 돌아다니질 않나 …. 와, 그 넘치는 에너지에 당혹스러우면서도 제가 힘을 많이 받았던 것 같아요.

아이가 유치원을 졸업하고 초등학교에 들어가면서부터는 넘치는 에너지 때문에 난처한 적도 많았어요. 좋게 말하면 활발한 거지만… . 그렇지만 움직임이나 행동 하나하나가 제가 본 적도 경험한 적도 없는 것들이어서 아이를 보고 있기만 해도 왠지 즐거웠던 기억이 나네요. 아들이 지금은 대학생인데 사실 지금도 그래요."

아들을 키울 때 가장 힘에 부치는 것 중 하나가 '움직임이 크다', '에너지가 넘친다'는 것인데, 이런 아이의 모습을 흐뭇한 눈으로 바라볼 수 있다면 얼마나 좋을까? 남자아이 육아는 이 엄마처럼 매사 긍정적으로 바라보는 자세가 필요하다.

영웅놀이를 함께 즐기는 엄마

"제가 어릴 때 자주 했던 놀이는 소꿉놀이나 인형놀이, 엄마놀이 같은 거였어요. 그런데 아들은 자동차나 괴물 같은 장난감을 가장 좋아해요. 장난감 가게에서 아이가 제 손을 잡아끌고 데리고 가는 곳은 토마스 기차 장난감 코너나 괴물 인형 코너예요. 그동안 제가 한 번도 발을 멈춰본 적 없는 곳이죠. 저한테는 신기한 것뿐이어서 '우와, 이런 것도 있구나'라고 감탄하며 돌아다녔어요.

아이와 함께 그런 장난감들을 가지고 놀아보니 생각보다 꽤 즐겁고 재미있더라구요. 지금까지 제가 경험해보지 못했던 것들이어서 더 신기하고 재미있는 것 같아요. 지금은 저도 영웅은 물론 괴물 이름까지 다 외워 버려서 아이와 함께 히어로 쇼에 갔을 때는 서로 이름 맞추기를 하면서 즐거운 시간을 보냈어요.

참, 남자아이들은 하나같이 곤충이나 가재, 개구리 같은 걸 좋아하나봐요. 우리 아이도 너무 좋아했어요. 하지만 전 그런 거 근처에도 못 가거든요. 그래서 아이가 집에서 파충류를 키우자고 했을 때는 엄청 반대했어요. 그런데 막상 키워 보니까 뭐랄까, 귀여워 보일 때도 있더라구요. 결국 먹이주기, 물갈아주기는 제가 하게 되었죠. 지금은 저도 곤충이나 벌레를 손으로 잡을 수 있게 되었어요. 그렇게 싫어하던 사람인데 말이에요. 아들 덕분에 제가 보는 세상과 경험의 폭이 훨씬 넓어졌단 생각이 들어요."

나도 딸이 태어난 후 처음으로 여자아이들이 좋아하는 순정만화를 같이 보거나 마법소녀 만화영화 같은 걸 딸과 함께 보러 간 적이 있다. 막상 함께 해보니 생각보다 즐거웠다. 어떤 때는 나도 모르게 입으로 순정만화 주제가를 흥얼거리기도 할 정도였다. 이성의 문화는 접할 기회가 별로 없어서 그렇지 한 번이라도 경험하게 되면 왜 그렇게 좋아하는지 알게 될 것이다.

아들을 키우다 보면 엄마들 또한 야구를 비롯해 다양한 스포츠를 보게 되고 잘 알게 되기도 한다. 아들이 있다는 것만으로도 그동안 몰랐던 세상에 발을 들여놓을 수 있는 기회가 늘어난다. 그만큼 자연스럽게 자신의 세상이 넓어지고 깊어진다. 아이와 함께 엄마도 성숙해가는 것이다.

'인간관계가 단순해서 편하다'

"남자애들은 여자애들과는 인간관계가 전혀 다른 것 같아요. 우리 여자들과 달리 단순하다고 해야 하나, 깔끔하다고 하나…. 지금까지 두 아들의 친구 관계만 봐도 여자들이라면 어릴 때부터 흔히 있는 여자아이 특유의 미묘한 관계의 문제 같은 게 아들한테는 없어요. 남자애들 간의 관계라는 게 정말로 단순하고 편해서 좋다는 생각이 들어 부러워한 적도 있어요. 남자는 여자와는 전혀 다른 세계와 문화를 가지고 있는 것 같아요."

아들 둘을 가진 엄마의 이야기다.

우리 집에는 아들과 딸이 있는데, 딸은 네 살쯤 되었을 때부터 친구 누구누구가 나한테 이런 말을 했다, 그 애가 나한테 이렇게 저렇게 했다는 둥 부모에게 하소연하기 시작했다. 초등학교 4학년이 된 지금은 가장 친하게 지내는 친구 셋이 있는데 그중 둘 사이에 무슨 문제가 생겼는지 세 아이의 관계가 복잡해진 모양이다.

물론 남자아이도 이와 비슷한 친구 관계의 일은 있을 것이다. 나도 그렇고 대학생이 된 아들도 마찬가지다. 하지만 남자아이의 경우 부모 귀에 들어가기도 전에 문제가 해결되거나 회복되는 경우가 많다. 그래서 아들 가진 부모는 아이의 인간관계에 휘둘리는 경우가 거의 없다. 딸에게는 앞으로도 이런 일들이 계속 생길 텐데 딸 키우는 엄마들에게 내가 조언을 구해야 할지도 모르겠다.

군말 없이 따라주는 아들이 편하다

엄마를 신뢰하기 때문에 불평불만도 적다

"우리 집은 중학생 아들과 초등학생 딸이 있는데 전 딸보다 아들이 훨씬 편하더라고요. 아들은 돌보는 재미가 있다고 할까요. 아들은 여러 의미에서 엄마인 저를 신뢰하고 의지하는 것 같아요. 밖에서는 '난 뭐든 혼자서 다 할 수 있어'라는 표정으로 다 큰 어른처럼 행동하겠지만 말이죠.

그에 반해 딸아이는 좀 까다롭고 피곤한 편이죠. 저한테 뭔가를 부탁할 때 "엄마, 이거 해줘!"라며 너무나 당연하게 이야기하는 경향이 있어요. 혹시라도 딸한테 부탁받은 걸 제가 잊어버리기라도 하면 "왜 안 해주는 거야!" 하면서 짜증을 내고요. 그런데 아들은 제게 뭔가를 부탁할 때는 "엄마, 이거 해줄 거야?"라고 눈치를 보면서 물어보고, 제가 부탁받은 걸 깜빡 잊어버려도 불평하지 않아요. 그래서 더더욱 이것저것 챙겨주고 싶어져요."

아들 하나, 딸 하나를 키우는 엄마의 말이다.
남자아이는, 아니 남자는 몇 살이 되어도 엄마에 대한 신뢰감이 강한 법이다. 어른으로서 훌륭하게 독립했을지라도 마음 한구석에서는 엄마를 의지하고 있기도 하다. 남자아이는 엄마를 전폭적으로 신뢰한다. 그렇기 때문에 엄마에 대한 불평불만도 적은 편이다.

트집쟁이 딸 VS 군말 없는 아들

얼마 전에 아내가 나에게 딸 키우는 고민을 털어놓았다. 아들은 상냥한데 딸은 하도 쌀쌀맞게 굴어서 상처받을 때가 있다는 것이다. 동성끼리라서 그런 건지 아니면 여자아이라서 그런 건지는 모르겠지만 딸은 엄마가 하는 것이 이래저래 신경 쓰이는 모양이다.
아내 말에 의하면 딸은 '하는 일마다 트집을 잡는다'고 한다. 오늘

입고 나갈 옷을 골라주면 "이런 거 싫어"라고 하고, 엄마가 잠깐 외출하면 "아 진짜, 어디 간 거야!"라거나, 엄마가 헤어스타일을 바꾸기라도 하면 "이상해"라고 대놓고 직설적으로 말한다.

반면 아들은 그런 잔소리는 없고, 옷을 꺼내주면 군말 없이 골라준 대로 입고, 엄마가 헤어스타일을 바꿔도 뭐라고 기분 나쁜 소리를 하는 법이 없다. 어쩌면 남자들은 둔감해서 단순히 눈치채지 못한 것일 수도 있지만 그래도 일일이 지적받는 것보다는 아무 말도 안 하는 편이 낫다고 한다.

뭐라고 지적하는 소리를 하지 않았기 때문에 '엄마의 모든 것을 그대로 인정해주는 것 같은 느낌이 들어 기분이 좋다'고 아내는 이야기한다.

모든 아이들을 일반화시킬 수는 없지만 딸아이는 엄마와는 서로 잘 이해할 수 있는 부분이 많은 반면 부딪히는 것도 많은 편이다. 그런 점에서 아들은 이성인 엄마에게 친절한 것만은 분명하다.

Q&A
남자아이의 이런 점이 힘들어요!

Q

아이가 이제 곧 세 살이 되는데 정리정돈을 전혀 못 해요. 아무리 말을 해도 안 들어서 제가 하나부터 열까지 정리해줘야 해요. (2살)

A

엄마와 함께 즐겁게 정리하는 것이 최선의 방법이에요

남자아이는 목적을 달성하고 나면 나중 일은 전혀 생각하지 않는 경향이 있습니다. 그래서 무엇이든 꺼낸 다음에 그대로 두거나, 무엇인가를 하다 마는 경우가 많은 편이에요. 정리정돈은 확실히 중요한 습관이지만 너무 초조해하실 필요는 없어요.

　예를 들면, 한 살 때는 까꿍놀이와 그 놀이에서 쓰는 말과 의미를 알게 합니다. 두 살 때는 작은 것이라도 혼자서 정리를 했다면 칭찬을 해줍니다. 세 살 때는 "엄마는 ○개, 너는 ○개, 준비 시작!"하며 놀이하는 기분으로 단계를 밟아가며 정리하는 것도 방법입니다. 이런 식으로 정리정돈에 대해 좋은 이미지를 만들어두면 대여섯 살이 되었을 때는 정리정돈을 잘하게 될 거예요.

항상 화를 내면서 정리하라고 시킨다면 '정리하기'라는 말만 들어도 싫어지고 나이가 들어도 잘하지 못 하게 되죠. 정리정돈을 잘하게 하는 최고의 방법은 엄마도 함께 하는 것입니다. 엄마의 노련한 정리 방법을 아이들이 항상 지켜보고 있다는 것을 기억하세요.

남자아이로 성장하는 것을
지켜보는 즐거움

지금의 모습을 마음껏 사랑하자

아들을 키우는 즐거움 중의 하나는 내 아이가 남자아이로 성장하는 모습을 가까이에서 지켜볼 수 있다는 점이다. 당연하다면 당연한 말이지만 그것은 아들을 낳고 매일 함께 지내고 있는 사람, 말하자면 아이의 엄마밖에 볼 수 없는 모습이다.

아이들의 성장 속도는 매우 빠르기 때문에 지금 보여주는 그 사랑스러운 모습을 내년 이맘때쯤이면 볼 수 없을지도 모른다. 물론 내년에는 내년에만 볼 수 있는 또 다른 형태의 사랑스러움이 찾아올 것이다.

아이를 키우다 보면 깜짝 놀랄 때가 많다. 특별히 훈육이라고 할 만한 걸 한 기억이 없는데 아이가 달라진 모습을 마주하게 되는 경우가 있다. 작년까지는 그렇게 힘들었던 것이 올해는 저절로 사라지기도 한다. 그것이 성장이다.

일반적인 남자아이의 성장 과정을 뒤에 표로 정리했다. 나이가 들어감에 따라 변해가는 모습과 그 시기만의 독특한 특징을 한번 살펴보기 바란다. 개인차도 크고 성장하는 속도도 아이에 따라 다르겠지만, 대부분의 아이가 이러한 경향을 보인다는 정도로 참고하면 좋다.

남자아이는 나이에 따라 다른 매력이 있다. 1~2살에는 한없이 천진난만한 귀여움이 있고, 3~4살 무렵에는 남자라는 자각이 생기지만 아직은 울보이고 어리광쟁이다. 5~6살에는 이미 얼굴에 '나는 오빠'라는 표정이 생기면서 믿음직스러워진다.

이 표를 보면서 내 아이가 앞으로 몇 년 지나면 어떻게 자랄지 기대감을 가져보는 것도 좋겠다.

✓ 체크해보세요

성장에 따른 남자아이의 특징

	이 시기의 남자아이
1~2살 에너지가 넘치는 시기	· 여기저기 돌아다닌다 · 무엇이든 입에 넣는다 · 누가 봐도 귀엽다 · 엄마 없이는 있을 수 없다
3~4살 남자라는 자각이 생기는 시기	· 무엇이든 뜻대로 하려고 해서 다루기가 가장 힘든 시기이다 · 떼쓰기가 절정에 이른다 · 그렇지만 엄마만 쫓아다니며 어리광을 피운다
5~6살 완전히 오빠가 된 듯한 얼굴을 하고 있는 시기	· 상당히 얌전해진다 · 엄마를 생각하는 행동을 자주 보인다 · 인격 형성이 거의 완성된다
7~9살 이제 제법 남자다워지는 시기	· 거친 면보다는 상냥함이 눈에 띈다 · 믿음직스러운 남자다움이 나타난다 · 부모보다 친구의 흉내를 낸다

좋아하는 놀이	이런 것도 할 수 있어요!
· 조용한 놀이도 좋아한다 · 틈이나 구멍이 있으면 물건을 집어넣는다 · 아빠 몸이 정글짐이다	· 친구들과 관계를 갖게 된다 · 수저로 밥을 먹을 수 있게 된다 · 무엇이든 부모님의 흉내를 낸다
· 싸움놀이 같은 '남자 놀이'를 많이 한다 · 움직이는 것, 스스로 조작할 수 있는 것을 아주 좋아한다	· 그림·색칠놀이를 잘하게 된다 · 간단한 심부름을 할 수 있다 · 밥 먹기·배변·옷 갈아입기를 거의 혼자서 할 수 있다
· 오타쿠적 성향이 있어 꽂히는 분야가 있다 · 몸 쓰는 놀이를 좋아한다 · 게임에 흥미를 갖기 시작한다	· 곤충이나 파충류에 몹시 흥미를 가진다 · 지금의 경험을 평생 기억한다 · 엄마를 기쁘게 하고 싶어 한다
· 부모님보다는 친구들과 놀고 싶어 한다 · 카드 모으기 등을 좋아한다 · 게임에 대한 관심이 높아진다	· 그렇게도 안 하던 인사를 할 수 있다 · 아빠와 남자의 세계가 형성된다 · 특정 여자아이를 좋아한다

체력으로 승부하는 놀이는 아빠에게

아빠와 남자끼리 즐겁게 놀게 하자

남자아이는 사고방식이나 행동, 취미, 마음에 들어 하는 것이 아빠와 비슷하다. 아이와 동성인 아빠는 엄마에 비해 아들이 하는 행동을 이해하기가 훨씬 쉽다. 아들이 하는 모든 행동들이 자신이 했던 것들이고, 아들이 가는 길이 자신이 걸어온 길이기 때문이다. 엄마라면 엄청 화가 났을 법한 행동을 저질렀더라도 아빠는 아무렇지 않게 생각하며 태평하게 있을 때가 많다.

아이가 엄마와 함께 쇼핑을 갔다면 스무 번도 넘게 들었을 잔소리를 아빠와 갔다면 한 번도 듣지 않은 경우가 실제로 흔하다. 그야말로 닮은 사람끼리, 마음 맞는 사람끼리, 서로 아무것도 신경 쓰이지 않는 사람들끼리이기 때문이다. 남자아이 육아는 그런 아빠가 나서는 것이 좋다. 아빠와 아들은 여러 면에서 통하는 것이 많기 때문이다.

예를 들어 축구나 야구, 곤충이나 가재 잡기, 영웅놀이는 흔히 남자아이가 즐기는 것들이다. 아이가 이런 놀이를 무척 좋아한다는 것을 알면서도 엄마가 아이와 이런 놀이를 함께 하기란 힘든 경우가 많다. 이런 것은 모두 아빠에게 맡기면 좋다.

운동을 하거나 몸을 쓰는 이런 놀이를 하면서 아빠와 펀치나 킥을 주고받는 것도 아이는 무척 좋아한다. 남자아이를 상대로 하는 놀이는 아빠가 잘하는 분야인 동시에 아빠인 자신도 즐기면서 함께 놀아줄 수 있는 것들이다. 그렇기 때문에 엄마보다는 아빠가 대신 해주는 것이 효과적이다.

반대로 딸 가진 아빠는 한두 시간이라도 여자아이와 함께하는 것이 쉽지 않다. 아빠들이 간혹 딸과 함께 인형놀이나 소꿉놀이를 하게 될 때가 있는데 내 주변의 아빠들 중에는 "두 손 두 발 다 들었다"고 말하곤 한다.

남편의 가사분담이 적을수록 수월하다?

육아든 집안일이든 가정과 관련된 일은 부부가 서로 힘을 모아 하는 것이 가장 좋다. 요즘에는 육아나 가사를 분담하는 것이 당연한 일이 되었지만, 그렇다고 해도 정확히 50 대 50의 비율로 가사를 분담하는 경우는 많지 않다.

실제로 아내가 하는 집안일의 20~30% 정도만 남편이 분담해도 많이 돕는 편에 속하지 않을까. 50 대 50은커녕 20 대 80, 잘해야 30 대 70일 것이다. 생각하기에 따라서는 그 정도가 차라리 더 좋지 않을까 한다. 80 대 20이나 70대 30으로 분담하는 경우, 아내가 주도적으로 이끌어갈 수 있다. 가사와 육아에서 주도권을 쥐고 있는 사람은 아내이기 때문이다.

만약 가사분담이 50 대 50이라면 어떨까. 예컨대 주방일을 남편과 아내가 정확히 50 대 50으로 분담한다면 냄비 두는 장소조차 의견이 달라 트러블이 생길지도 모른다. "이런 조미료는 필요 없잖아", "또 유통기간이 지났네" 같은 시시콜콜 잔소리를 듣는다면 일하기가 너무 힘들어진다.

육아에 대해서도 마찬가지다. 엄마와 아빠가 똑같이 50 대 50으로 관여한다면 아이의 헤어스타일도 상담해서 결정해야 하고 아이

옷을 고를 때도 당연히 남편의 취향을 반영해야 한다. 이때 부부 사이의 의견이 갈린다면 간단한 것조차도 결정하지 못하는 일이 생길 수 있다. 반면, 남편이 20~30% 정도 관여한다면 큰 틀에서 아내가 주도하고 남편이 보조적인 역할을 해주는 모양새가 된다.

대신 아빠가 가정에서 가장 많이 해줄 수 있는 것은 아이와 놀아주기다. 체력이 좋은 아들을 상대하는 것은 역시 아빠가 최고다. 그것만 맡겨도 엄마로서는 커다란 도움이 된다.

✓ 체크해보세요

아빠의 양육 협력도

요즘 아빠들은 육아에 상당히 협조적이다. 그래도 엄마 입장에서는 부족하다고 생각하는 경우가 많다. 아빠는 잘한다고 생각하는데 엄마가 볼 때는 부족한 것이다. 다음은 아빠가 얼마나 육아에 협력하고 있는지 한눈에 알 수 있는 체크리스트다.

만약 6개 이상이 항목에 체크를 했다면 아빠가 육아에 충분히 협조하고 있다는 의미다. 6번 이후의 항목들은 아빠가 잘하는 분야들로, 아이가 좋아하기만 한다면 할 수 있는 것들이다. 이 중 어느 것을 분담하든 엄마에게는 크게 도움이 될 것이다.

1   기저귀를 갈아주거나 옷 갈아입히기 등을 자주 해준다. ☐

2   화장실 갈 때나 대소변을 볼 때 뒤처리를 자주 해준다. ☐

3   분유 먹이기나 밥 먹여주기를 자주 해준다. ☐

4   목욕을 자주 시켜준다. ☐

5   아이를 재울 수 있다. ☐

6   아이에게 그림책을 자주 읽어준다. ☐

7   아이에게 자주 말을 건다. ☐

8   싸움놀이나 스킨십 놀이를 자주 한다. ☐

9   아이와 둘이 마주보며 자주 웃는다. ☐

10 아이와 둘이 자주 외출한다. ☐

Q&A
남자아이의 이런 점이 힘들어요!

Q

유치원에 들어간 후로 말투가 거칠어졌어요. 사람들은 친구나 텔레비전 영향이라고 그러는데 무슨 까닭일까요? (5살)

A

'남자다운 것'에 눈뜨는 시기. 너무 난폭하거나 위험한 말이 아니라면 인정해주세요.

남자아이는 세 살쯤부터 '멋있는 것', '강한 것', '남자다운 것'에 반하게 되죠. 거친 말들을 쓰게 되는 것도 그러한 표시 중 하나입니다. 엄마에게는 상스럽고 품위 없는 말로 들릴지 모르지만 아빠는 의외로 아무렇지 않게 생각할 수도 있어요. 엄마도 '아들이 성장하고 있다는 증거'라는 식으로 생각하며 너그러운 마음으로 지켜봐주시면 좋을 겁니다.

다만 "죽여버릴 거야"와 같은 위험한 말을 사용했을 때만큼은 그것이 습관이 되지 않도록 그때마다 주의를 주는 것이 좋습니다. TV나 인터넷 같은 대중매체의 영향 때문이라고 하더라도 해서는 안 되는 말이 있다는 건 알려주세요. 유행어나 속어를 자주 사용하는 아이들도 있는데 사용한다고 해도 대부분 일시적인 것이니 너무 걱정하지 않으셔도 됩니다.

육아에 '긍정적인 사고'를 적용하자

일이 실제 생기고 난 후 고민한다

무슨 일이든 '별거 아닌 일'이라고 생각하자

무엇이든 나 좋을 대로 해석한다

'남 일'처럼 생각하면 해결책이 떠오른다

곤란할 때는 어느 쪽을 선택하든 그것이 정답이다!

'가장 큰 소망을 이루었다'는 점에 감사하자

'없는 것 찾기'는 그만, 있는 것에 만족하자

다시 못 올 이순간, 마음껏 사랑하라

제5장 '별것 아닌 일'로 생각하면 육아가 편해진다

육아에 '긍정적인 사고'를 적용하자

생각하기에 따라 고민이나 찌증도 말끔히 사라진다

'긍정적인 사고'라는 말은 자주 접하지만 실제로 실행하고 있는 사람은 의외로 적다. 어떻게 하면 되는지 구체적인 실행 방법이 나와 있지 않은 경우가 많아서 막연하기만 하다.

나는 원래 '긍정적 사고'에 관심이 있어서 여러 가지 연구를 하거나 실천하면서 내 나름대로의 방법을 찾았다. 지금은 긍정적으로 생각하는 삶의 방식을 마스터한 덕분에 고민거리나 싫은 일 때문에 스트레스받는 일 없는 날들을 보내고 있다. 나는 최근 10년 동안은 난처한 일이나 싫은 일 때문에 고민을 해본 적이 없다. 실제로는 그런 일들이 나에게도 있었겠지만 긍정적으로 생각하는 습관 덕분에 어떤 일이 생겨도 그것이 고민거리나 싫은 일로서 마음속에 들어오지 않았다.

이러한 긍정적 사고는 육아에도 적용할 수 있다. 엄마를 고민에 빠지게 하고 여러 가지로 힘들게 하는 육아야말로 긍정적으로 생각해야 하는 가장 중요한 부분이다. 그래서 한창 아들과 전쟁을 치르고 있는 엄마들에게 나의 '긍정적 사고 육아'를 소개함으로써 육아 중 발생하는 모든 고민이나 고충으로부터 엄마들을 해방시켜주고 싶다.

만약 긍정적인 사고로 육아를 할 수 있게 된다면, 아들은 아무것도 바뀌지 않고 어제 그대로의 모습인데도 불구하고 엄마의 그동안의 고민이나 짜증이 거짓말처럼 사라질 것이다. 사라진다기보다 오히려 즐거워질 것이다.

긍정적으로 사고하는 방법에는 8가지가 있다. 육아에 고민거리가 생겼을 때 이 여덟 가지 중 어느 것이든 부디 시험 삼아 시도해보길 바란다.

일이 실제 생기고 난 후 고민한다

고민 중 90%는 실제 일어나지 않는다

고민의 정체는 대부분 걱정거리다. 하지만 괜찮다. 걱정은 90% 이상이 실제로 생기지 않는다. '걱정거리'라는 것은 스스로의 마음속에서 자기 마음대로 생기는 가공의 산물이다. 그런데도 '이렇게 하면 분명히 이렇게 돼서 저렇게 되고…. 아 어떡하지, 더 이상 못 견디겠어', '내가 이런 말을 하면 분명히 이렇게 생각하겠지'라는 식으로 자기 혼자 그 가공의 영상을 보며 고민하고 있는 것이다.

    실제로 아직 일어나지도 않은 일인데도 전전긍긍하며 걱정하는 것처럼 바보스러운 일이 또 있을까? 그런 식이라면 마음이 여러 개 있어도 부족하다. 실제로 일어난 일에 대해서만 감정을 소비하고 고민하고 대처법을 생각하면 된다. '일이 생기고 난 뒤에 고민하자', '실제 일어난 일에 대해서만 생각하자'라고 마음먹기만 해도 고민은 단번에 10분의 1로 줄어든다. 뿐만 아니라 그 10%조차 대개는 어떻게든 해결된다.

누군가에게 한 달 전 고민을 떠올려보라고 하면 아마 대부분 생각나지 않을 것이다. 아마 한 달 전에는 작은 고민까지 포함해 수십 개의 걱정거리나 불안한 것들이 있었을 것이다. 그중 90% 이상은 일어나지도 않았을 것들이다. 일어나지 않은 고민은 한 달 후 떠올려보면 생각나지 않는 경우가 대부분이다. 잘 떠오르지 않는 것은 고민이었던 일이 예상대로 일어났지만 의외로 별거 아니었고 금방 해결되었다거나, 충분히 참을 수 있을 정도여서 스스로 받아들일 수 있었기 때문이다.

결국 실제 일어난 고민거리도 지나고 보면 별거 아니었던 것이다. 그러니 걱정은 미리 할 것이 아니라 생기고 난 뒤에 하는 것이 정신 건강에 좋다.

걱정하는 만큼 손해다

"우리 애는 항상 산만하고 침착하질 못해요. 앞으로도 계속 이러면 어떡할까 모르겠어요"

이렇게 미리 걱정하는 엄마들이 있다. 하지만 괜찮다. 앞서 말한 바와 같이 그 걱정의 90%는 맞지 않다. 대부분의 아이들은 초등학교 1학년이 되면 얌전히 수업을 들을 수 있는 평범한 아이가 된다. 1학년이 되어도 지금 그대로라면 그때 비로소 고민하자. 그렇게 될 확률은 10% 미만이고 침착성이 없으면 없는 대로 어떻게든 된다.

'돌이 지났는데도 아직 걷지 못하는데 괜찮을까'라는 고민도 3~4개월 후 걷게 되면 그런 걱정을 했던 사실조차 씻은 듯이 잊어버릴 것이다.

'집에 와서 유치원 이야기를 하지 않는데 유치원이 재미없어서 그런 걸까, 혹시 따돌림당하는 건 아닐까, 아 걱정이네'

이런 엄마가 있다면 우선은 선생님에게 유치원에서의 아이 생활은 어떤지 물어보고 상담 결과 실제로 유치원 생활을 즐기고 있지 않다는 걸 알게 된다면 그때 가서 고민하면 된다. 하지만 대부분은 "유치원에서 매우 즐겁게 잘 지내요"라는 대답이 돌아올 것이다. 그것이야말로 90%의 확률이다.

걱정했던 일이 생기지 않으면 분명 '뭐야, 괜히 걱정했잖아'라고 생각할 것이다. 그것은 정말 감정의 낭비다. 그러니 일이 생기고 나서 생각하면 된다. 일어난 일에 대해서만 고민하면 된다.

딸아이가 어린이집에 다닐 때 어린이집에서 다쳤다는 연락을 받은 적이 있다. 나는 부상이 크다면 그때 가서 걱정하려고 생각하고 아무것도 걱정하지 않았는데 역시나 전혀 대단한 상처는 아니었다. 걱정하지 않아서 다행이라고 생각했다. 걱정거리의 90%는 정말로 들어맞지 않는다.

무슨 일이든 '별거 아닌 일'이라고 생각하자

내일이 되면 어차피 잊어버릴 일이니…

아이를 키우다 보면 매일 많은 일들이 생긴다. 아이가 오줌을 싸거나, 우유를 엎지르거나, 말을 듣지 않거나 하는 등 크고 작은 일들을 매일 겪는다. 하지만 일일이 "아휴, 정말!"이라며 짜증을 내거나 화를 내면 한이 없다.

그럼 어떻게 하면 좋을까. 모두 아무것도 아닌 일이라 생각하며 신경 쓰지 않는 것이다.

"내가 예수님, 부처님도 아니고…. 그게 가능할까요"

아니, 불가능한 것은 아니다. 정말로 그렇게 신경 쓰지 않으면 안 되는 일들뿐이었다면 시험 삼아 '아휴, 정말'의 원인이 되었던 일들을 반이라도 적어보길 바란다. 막상 떠올리려고 하면 잘 떠오르지 않을 것이다. 그 하나하나는 하루만 지나도 떠오르지도 않을 정도의 별것 아닌 일들뿐이기 때문이다.

만약 그것이 정말로 화를 낼 수밖에 없는 일이었다면 확실히 기억이 날 것이다. 하지만 대개는 생각나지 않는다. 어제 화가 나서 "아휴, 정말!"이라고 했던 것들 모두 지금 생각해보면 대수롭지 않거나 별거 아닌 일들이었기 때문이다. 지금은 화가 나서 "아, 정말!"이라고 말했던 일도 아마 내일 이맘때쯤이면 분명 잊어버리게 될 것이다. 내일 잊을 거라면 지금 잊으면 된다. 무슨 일이 생겨도 '이건 내일이 되면 이미 떠오르지도 않을 정도의 별거 아닌 일'이라고 생각하면 된다.

느긋하고 차분하게 생각을 바꿔보자

사실은 이 책의 원고를 집필하던 중 1장 정도의 분량을 다 썼을 때 갑자기 컴퓨터 전원이 나가 버렸다. 출장길 고속열차에서 원고를 쓰고 있었는데 전원이 나가는 바람에 애써서 쓴 1장이나 되는 글이 사라져 버린 것이다.

'아 어떡하지? 몇 시간이나 공들이고 애써서 썼는데….'

갑작스러운 사고에 눈앞이 깜깜해졌다. 그러나 이런 마음은 1분도 지나지 않아서 회복되었다.

'뭐, 어쩔 수 없지. 집에 가서 다시 써야겠네. 별것도 아닌 일인데, 내일 이맘때쯤이면 생각도 안 날 거야.'

그렇게 생각하며 '느긋하게 커피나 마셔야겠다'고 마음먹었다. 그래서 객실 식당칸에 가서 커피를 주문하고는 천천히 우아하게 커피를 마셨다. 그동안 못 보던 기차 밖 풍경도 감상하니 마음이 더 차분해졌다.

그렇게 시간을 보내고 집에 돌아와서 다시 글을 쓰기 시작했다. 밀린 원고를 마무리해야 했기 때문에 그날은 평소보다 2시간 정도 수면시간이 줄었다. 하지만 원고의 내용을 기억하고 있어서 빨리 쓸 수 있었다. 게다가 전보다 원고 내용이 더 매끄러워졌다. 그때 실망하거나 스트레스를 받지 않아 정말로 다행이었다.

아이가 바닥에 우유를 엎질러도 '별거 아닌 일'이라고 생각할 수 있다면 짜증나던 감정을 바로 전환해서 바닥을 닦을 수 있다. 닦아 버리고 나면 이미 끝난 일이 된다. 내일은커녕 3분 지나면 잊어버릴 법한 '대수롭지 않은 일'이 된다.

Q&A
남자아이의 이런 점이 힘들어요!

Q

아이가 밥 먹는 데 시간이 너무 많이 걸려요. 식사 태도도 안 좋고, 밥 먹다가 돌아다니기 일쑤예요. 내년에는 유치원에 가야 하는데 어떡하죠? (3살)

A

원인을 파악한 뒤 그 행동을 멈추게 할 수 있는 구체적인 말로 알려주세요.

아이는 집이냐 유치원이냐에 따라 분별해서 행동할 수 있는 능력이 있습니다. 그러니 걱정하지 않으셔도 됩니다.

 그런데 밥을 느리게 먹는 아이들에게는 공통점이 있지요. 숟가락질을 멈춘다거나, 한입에 넣는 양이 적다거나, 오물거리며 씹는 시간이 길다거나, 먹는 태도가 안 좋거나, 놀면서 혹은 말을 많이 하면서 먹곤 합니다. 아이가 밥을 느리게 먹는 원인을 파악해서 그 행동을 멈출 수 있도록 구체적인 말로 전달하면 아이는 훨씬 빨리 먹을 수 있게 됩니다.

예를 들어, 수저를 들었다 놨다 하느라 시간이 걸린다면 숟가락을 내려놓지 말고 계속 들고 먹으라고 이야기해주세요. 대부분의 남자아이들이 그러듯이 밥을 먹으면서 논다면 "자, 네 자리로 돌아와. 이제 놀이는 그만" 하는 식으로 아이가 해야 하는 행동을 구체적으로 말해줍니다. 계속해서 반복하다 보면 많이 고쳐질 거예요. 가장 효과적이지 않은 말은 "빨리 먹어"라는 말이란 것을 잊지 마세요.

무엇이든 나 좋을 대로 해석한다

아이가 방을 어지럽히면 '청소할 좋은 기회'로 생각하자

이솝우화 중에 〈여우와 신 포도〉라는 이야기가 있다. 주렁주렁 먹음 직스럽게 열매 맺은 포도나무 밑을 지나가던 여우가 포도를 따려고 펄쩍 뛰었는데 몇 번을 뛰어도 손이 닿지 않자, 결국에는 "흥, 어차피 포도는 시어서 맛이 없을 테니 괜찮아"라고 거드름을 피우며 떠나간다는 이야기다.

언뜻 허세 부리는 것처럼 보이는 여우의 사고방식이야말로 내가 해온 싫은 일을 스트레스로 받아들이지 않기 위한 매우 좋은 태도다. 심리학에서는 이것을 '자기방어기제'라고 하며 사람의 마음 메커

니즘 중의 하나인 '합리화'라고도 한다.

사람은 어떤 일이 생겨도 '이것이 최선'이라고 생각하는 것만으로 스트레스에서 상당히 해방될 수 있다. 출퇴근에 2시간 걸리는 사람이 "덕분에 매일 책 한 권씩 읽을 수 있다"고 말하는 경우가 있다. 그것도 멋진 사고방식이다. 정말로 싫을 게 뻔한데도 긴 출퇴근 시간을 그렇게 생각함으로써 전혀 스트레스가 되지 않을 테니 말이다.

육아 중에 발생하는 싫은 일들도 이와 같이 생각하면 된다. 예를 들어보자. 아들이 바지에 모래를 잔뜩 묻힌 채 방에 들어오거나 방 안을 온통 모래투성이로 만들었다면 '그렇지 않아도 청소해야 했는데 마침 잘됐네'라고 생각하면 된다. 방 안에서 아이가 신나게 뛰어놀고 있다면 '우리 애는 이렇게 건강하니까 큰 병에 안 걸리는 거야'라고 생각하는 것이다.

이렇게 생각하면 싫을 법한 일들이 오히려 기쁨이 되기도 한다. 무엇이든 내가 좋을 대로 생각한다는 것, 그것이야말로 최선인 것이다.

'남 일'처럼 생각하면
해결책이 떠오른다

친구가 이렇게 상담한다면 어떻게 대답할까?

육아를 하다 보면 매일매일 고민이 끊이지 않는다. 특히 남자아이를 키우는 엄마는 '아, 정말! 왜 우리 애는 맨날 이러지?', '어째서 ○○를 못 하는 거야!'라며 고민하는 횟수도 많을 것이다. 이럴 때 똑같은 고민을 그대로 친구가 나에게 상담한다면 어떻게 대답할 건지 상상해보자.

예를 들어 "우리 애는 말이야, 실내놀이터에서 놀다가 친구가 쌓아놓은 블록을 무너뜨리질 않나, 갑자기 던져버리기도 하고…. 어째서 친구들과 사이좋게 놀지 못하는 걸까"라고 친구가 내게 고민을 털어놓는다면 난 어떻게 대답해줄지 상상해보는 것이다. 친구가 이런 고민을 털어놓는다면 나는 분명 이렇게 말해주지 않을까?

"아직 어리니까 그러는 걸 거야. 특히 남자애들은 에너지가 넘치잖아. 그렇다고 친구를 다치게 한 건 아니잖아?"
"네가 대신 그 아이 엄마에게 사과하면 될 거야. 아이끼리 놀다 생긴 일이고 그쪽 엄마도 그렇게 신경 쓰지 않을 거야"
"아직은 친구하고 노는 게 어려운가 보네. 다음에는 가능한 다른 아이와 떨어진 곳에서 놀게 해보면 어때?"

당신은 친구의 질문에는 마치 내 일처럼 정성껏 여러 가지 조언을 해줄 것이다. 다른 사람에게 해주는 조언 그대로를 자신에게 적용하면 된다. 자기 자신이 떠올린 방법이니 쉽게 납득할 수 있을 것이다.

'아직 어려서 지금은 친구와 사이좋게 지내지 못해도 어쩔 수 없지. 블록을 무너뜨리는 것도 재미있어서 그러는 걸지도 몰라. 하지만 맞은 아이에게는 미안하니까 다음에는 다른 아이와 떨어진 곳에서 놀게 해보자.'

자, 이제 해결책을 찾았다. 자신의 고민에는 누구든 객관적이 될 수 없는 법이다. '어떡하지', '참 곤란하네'에서 멈춰 버리면 좀처럼 그다음 해결책에 이르지 못한다.

하지만 타인의 고민거리에는 객관적으로 도움이 되는 조언을 해줄 수 있다. 만약 고민을 하다 막다른 골목에 이르렀다면, '이것이 친구의 상담거리였다면'이라고 생각해보길 바란다.

곤란할 때는 어느 쪽을 선택하든 그것이 정답이다!

중요한 것은 자신의 선택을 후회하지 않는 것

아이가 커가면서 일와 육아에 대해 고민거리가 생긴다. '이제 아이를 어린이집에 맡기고 일을 시작해야 할까. 아니면 조금만 더 같이 있어 줘야 할까'

일과 육아 외에도 육아를 하다 보면 어느 쪽이 좋은지 고민에 빠질 때가 많다. 결론부터 말하자면, 어느 쪽이 좋을지 고민스러울 때는 선택한 그것이 바로 정답이다. 자신이 좋다고 생각했던 것, 보다 수월한 쪽을 선택하면 된다. 다만 그것이 정답이 될지 말지는 자기 하기 나름이다. 선택한 후 그것에 대해 후회하지 않는 것이 중요하다. 저걸 선택했어야 하는데, 라고 자신의 선택을 후회한다면 그 선택은 '정답'이 아니라 '실패'가 된다.

당신의 선택이 정답이다

당신이 어느 쪽이 좋을지 고민하고 있는 두 개의 선택지에는 어느 쪽이든 장점이 5개씩 있다. 아이를 어린이집에 맡기고 일하기를 선택했다면 '떨어져 있는 시간이 긴 만큼, 함께 있는 시간을 더 소중히 여길 수 있다', '돈을 모을 수 있다', '아이도 어린이집에서 많은 것들을 배울 수 있다' 등과 같은 장점이 있다. 그 장점을 충분히 즐길 수 있으면 된다. 그러면 일하러 나가기로 선택한 것이 정답이 된다.

반면, 일하지 않기로 결정했다면 그것은 그것대로 정답이다. '아이와 충분히 함께 있어줄 수 있다', '집안일에 할애할 수 있는 시간과 여유가 생긴다', '덜 버는 대신 아껴 쓰는 보람이 있다' 등과 같이 일하지 않는 것을 선택했기 때문에 찾아오는 장점을 충분히 즐기면 된다.

일하러 가는 것을 선택했는데도 '장시간 떨어져 있어야 해서 아이가 불쌍하다'고 생각한다거나, '어린이집 같은 집단생활을 하면 병에 잘 걸린다'는 등 단점만을 들면서 자신의 선택을 후회한다면 그 선택은 실패가 된다.

일하지 않기를 선택했을 때도 마찬가지다. '살림살이가 어렵다', '나 혼자만의 시간이 없다'는 식으로 단점에만 눈을 돌리면 그 선택은 실패가 된다. 어느 한쪽을 선택한 이상 이걸 고르길 잘했다고 생각하면 된다. 그동안 살아오며 당신이 한 모든 선택은 항상 전부 정답이었다.

'가장 큰 소망을 이루었다'는 것에 감사하라

갓 태어났을 때 '건강하기만 하면 된다'던 나의 소망

육아에 관한 고민의 대부분은 엄마의 소망이다. '아휴, 정말! 이 아이는 항상 아파트 복도를 뛰어다닌다니까! 어떻게 하면 뛰지 않게 하지?'라고 고민할 때는, '복도에서 뛰어다니지 않는 아이가 되었으면 좋겠다'고 바라고 있는 것이다. '나쁜 말을 쓰지 않게 하려면 어떻게 하면 좋을까'라고 고민할 때는 '나쁜 말을 쓰지 않는 아이가 되었으면' 하고 바라고 있는 것이다.

하지만 육아에서 엄마가 바라는 것, 이런 아이라면 좋겠다는 대부분의 소망은 사실은 사치스런 소원일지도 모른다.

아들이 막 태어났을 때를 떠올려보자. 그때의 가장 큰 소원은 무엇이었을까. 아마 모든 엄마들이 '아이가 건강하고 밝고 건강하게 무럭무럭 자라주는 것'이 첫 번째 소원이었을 것이다. '아이가 복도에서 뛰어다니지 않는 아이가 되었으면'이라거나, '상스러운 말을 사용하지 않는 아이가 되었으면', '편식하지 않는 아이가 되었으면'이라는 식으로 바라지는 않았을 것이다. 설사 그런 소원이 있었다고 해도 45번째나 100번째 소원이었을 것이다.

건강하기 때문에 지금 뛰고 있는 것이다

'이 아이가 씩씩하고, 밝고, 무럭무럭 건강하게 자라주었으면'이라는 이 첫 번째 소원은 사실 이루어졌다. 그 소원이 이루어졌기 때문에 지금 이 아이는 복도를 신나게 달리는 것이고, 조금 상스러울지도 모르는 말이지만 말을 제대로 할 수 있게 된 것이고, 편식은 하지만 혼자서 밥을 먹을 수 있는 것이다.

그런데 아이가 태어났을 때 빌었던 첫 번째 소원이 지금 그대로 이루어진 것에 대해 감사하기는커녕 그때 45번째나 100번째쯤에나 있었을 법한 이루어지지 않아도 되는 작은 소원을 지금은 필사적으로 실현시켜 달라고 빌고 있는 것이다.

최고의 소원은 이루어졌다. 이 얼마나 대단한 일인가. 사실은 기뻐서 하루 종일 웃을 정도로 감사한 일이다. 짜증의 원인이 된 그것들 하나하나가 사실은 전부 기쁨의 근원이었던 것이다. 최고의 소원을 이루어준 신께 감사하고 무럭무럭 자라준 아이에게도 감사할 일이다.

'없는 것 찾기'는 그만, 있는 것에 만족하자

지금 그대로 충분히 행복하다

어느 여자분의 이야기다. 그녀의 둘째아들은 전신 마비로 전혀 움직이지 못하는 아이로 태어났다. 의사로부터 일주일 정도밖에 살지 못한다는 말을 들었다. 그러나 한 달을 살았다. 그리고 1년이 지났다. 그렇게 세월이 흘러 15살이 된 지금도 훌륭하게 살아 있다. 말도 하지 못하고, 혼자서는 밥도 먹지 못하고, 화장실 출입은 물론 혼자서는 아무것도 못 한다. 하지만 부모님은 아이가 너무나 사랑스러워 어쩔 줄 모른다.

아무것도 혼자 할 수 없는 아이이기 때문에 일반적으로는 그로

인해 불평불만이 넘칠 법하다. 그런데 아들이 지금 살아 있다는 사실만으로도 감사하며 조금이라도 미소를 지으면 너무 사랑스러워서 그것 또한 기쁨이 되어 또다시 애정을 듬뿍 쏟으며 키우고 있다.

반면, 첫째는 건강하고 씩씩한 남자아이로 태어났다. 그러나 그 아이가 어릴 때는 항상 화만 냈다고 한다. 불만을 쏟아내며 때로는 '이럴 거면 왜 아이를 낳았을까'라고 생각했던 적조차 있다고 한다.

그러나 남동생이 태어난 뒤 그녀는 큰아들에게 미안한 마음이 들었다. '지금 생각해보면 큰아들은 무엇이든 할 수 있었다. 잘 해냈다. 불평거리 따위는 아무것도 없어야 했다. 그런데도 왜 그렇게 화만 냈던 것일까. '그때로 돌아갈 수 있다면 큰아들에게 사과하고 싶다.' 이런 생각이 들었다고 한다.

그 엄마는 큰아들에게서는 없는 것을 찾기만 했던 것이다. 그래서 화만 냈던 것이다. 그런데 장애를 가진 둘째아들은 있는 것에 만족하는 사고방식으로 키웠다. 그래서 별것 아닌 일에도 기쁠 수 있었다. 정말로 아이란 지금 옆에 있어 주는 것만으로 너무나 대단한 일이다.

존재만으로도 기쁨이 되는 아이

엄마들은 특히 남자아이에게는 '없는 것 찾기'를 하기 쉽다. 이것도 안 하고 저것도 안 하면서 쓸데없는 행동은 한다.

그러나 아이를 가만히 바라보자. 아이는 사실 '있는 것에 만족하기'를 잘한다. 대부분의 아이들은 어린이집 수영장에서 수영하는 걸 굉장히 좋아한다. 10명만 들어가도 꽉 차서 좁은 데다가 수위도 낮은 수영장이지만 20명, 30명이 들어가도 불평이나 불만을 꺼내는 아이가 단 한 명도 없다. 오히려 웃음이 넘쳐난다. 그 수영장 안에는 불만은커녕 자신을 만족시켜주는 것들이 많이 있기 때문이다. 좁기 때문에 친구와 부딪혀도 그것이 또 웃음의 이유가 된다.

그런데 어른 입장에서 보면 그렇지 못해서, 선생님이나 부모님들은 입버릇처럼 "진짜 좁네!", "자꾸 부딪혀서 수영도 못하겠어"라고 불평하는 소리뿐이다.

집도 그렇다. 어른은 "역에서 멀다", "근처에 편의점이 없다", "좁다", "지저분하다"며 불평만 하지만 아이는 자기 집이 너무 좋다. 역에서 먼 것 정도야 아무렇지 않게 생각한다. 편의점이 없어도 괜찮다. 불편하다고 생각하지 않는다. 그렇기는커녕 항상 "당장 집에 가고 싶다"고 말할 정도로 아이에게 있어서는 멋진 집이다.

아이는 엄마, 아빠에 대해서도 그런 관점을 갖고 있다. 엄마나 아빠에게 부족한 점이 있어도 신경 쓰지 않고 아이는 좋은 점만을 본다. 그러니까 엄마도 아빠도 너무 좋다. '없는 것 찾기'를 하지 않고 언제나 있는 것에 만족하는 삶의 방식을 취하고 있기 때문이다. 그래서 매일 그렇게나 많이 웃을 수 있는 것이다. 불만 요소를 굳이 찾아내거나 하지 않는다.

어른은 '없는 것 찾기'가 버릇이 되어버렸다. 무엇을 봐도, 무엇이 찾아와도, 입에서 나오는 말은 감사의 말이 아니라 우선 불평불만을 하는 어른이 많은 것은 그 때문이다.

'있는 것에 만족하기'. 그것은 바꾸어 말하면 '사실 나는 지금 행

복하다는 것을 깨닫는 것'이다. '없는 것 찾기'만 하다 보면 자신에게 지금 있는 행복을 제대로 볼 수 없게 된다. 그런 사람은 지금 그대로도 충분히 행복한데도 불구하고 스스로 제 맘대로 불행을 찾아다니며 자신은 불행하다고 말하게 된다.

자기 아이에 대해서도 부디 '있는 것에 만족하는' 시선을 가졌으면 좋겠다. 그것만으로도 감사하는 마음이 들게 되고, 웃을 일이 많아질 것이다.

Q&A
남자아이의 이런 점이 힘들어요!

Q

다른 사람의 말을 전혀 듣지 않아요. 주의를 줘도 건성으로 듣고 흘려버리고요. "응", "알았어요"라고 대답은 잘하는데…. (5살)

A

평소 아이를 어떻게 대하고 있는지 돌아볼 기회입니다. 누구의 말도 듣지 않는다면 전문의와 상담을 해보세요.

아이가 엄마 말을 잘 안 듣는다면 단순히 부주의하기 때문이라고 생각할 수 있습니다. 평소 잔소리가 많은 엄마라면 아이에게서 그런 모습이 종종 보이기도 합니다.

　엄마가 무슨 말만 하면 잔소리뿐이고, 엄마 말을 들으면 들을수록 손해를 보거나 한다면 아이는 엄마 말을 듣지 않는 게 상책이라고 생각하기도 합니다. 어떤 식으로든 엄마의 말을 되받아칠 때마다 그 3배의 말이 되돌아온다거나 혹은 더 많이 혼난다거나 하는 경우가 계속된다면 아이는 입을 다물거나 아니면 그 자리에서는 원하는 답을 해주는 것이 최고라고 학습하게 되죠.

만약 엄마 이외의 사람의 말도 전혀 듣지 않는다면, 드물지만 청력에 문제가 있거나 주의력 결핍인 경우도 있을 수 있으니 아이의 상태를 보고 한번 전문의에게 상담을 받아보는 것도 좋습니다.

다시 못 올 이 순간, 마음껏 사랑하라

지금이 가장 사랑스러울 때다

태어나서 여섯 살 때까지만큼 사랑스러운 시기는 없다. 육아가 완전히 끝난 50대, 60대 여성은 누구라도 그런 어린아이를 보면 '아이가 참 귀엽기도 하네, 아이 키우던 시절로 돌아갔으면' 하는 생각을 한다. 한창 육아에 시달릴 때는 흐트러진 머리를 흩날리며 하루하루 힘든 나날을 보냈겠지만 되돌아보면 그때가 가장 빛나던 멋진 나날이었다는 것을 깨닫게 된다.

아들이 성인이 되면 엄마는 아이가 두 살 때 사진을 보며 너무너무 귀엽다고 생각한다. 물론 아이를 키울 때도 귀엽다는 생각은 했겠지만 그때는 너무나 당연해서 그 귀여움을 충분히 맛보지 못했다는 것을 깨닫는다.

육아란 기쁨이고 행복이다. 나는 육아를 하며 맛볼 수 있는 즐거움이 많은데도 엄마들이 그것을 충분히 맛보지 못하는 것이 안타깝다는 생각이 들 때가 많다. 아기가 한두 살 무렵 아장아장 걸을 때, 그것처럼 귀여운 모습은 없다. 아이가 아장아장 길을 걸어가기만 해도 지나가는 아저씨, 아줌마들은 모두 방긋방긋 웃는다. 사랑스러우니 당연하다.

내 딸이 네 살이 되었을 때의 일이다. 어린이집에 아이를 데리러 갔는데 선생님이 말했다.

"내일 ○○의 생일파티 때 아빠에게서 받은 메시지를 발표시키려고 해요. 아이의 귀여운 점을 세 가지만 말씀해주세요"

나는 이렇게 대답했다.

"우선 얼굴이 귀여워요"

여기서 선생님의 웃음이 터졌다. 나는 계속했다.

"두 번째는 목소리가 귀여워요"

"세 번째는 하는 행동과 하는 말이 귀여워요"

선생님은 웃으면서 메모했다. 그야말로 딸바보였다. 하지만 나는 정말로 그렇게 생각했다.

자식바보가 되자

아이가 한 자릿수 나이일 때는 자식바보여도 된다. 자식바보인 부모는 행동 하나하나 아이에게 기쁨을 주고 아이로 하여금 자신이 사랑받고 있다고 느끼게 한다.

하지만 아이가 십대가 되면서 사춘기를 맞게 되면 계속해서 자식바보이고 싶어도 그렇게 될 수 없다. 아이는 부모의 손을 떠나 자신만의 세계로 가버린다. 그때 아이는 "충분히 사랑해줘서 감사해요. 하지만 이제는 괜찮아요. 무엇이든 혼자서 할 수 있어요"라며 지금까지 받은 충분한 애정을 양식 삼아 자신에게 자신감을 가지고 떠나갈 것이다. 아이가 열 살이 될 때까지 모든 부모가 자식바보가 되어 진심으로 자기 아이를 사랑해줬다면 이 세상에 학대 같은 것은 일어나지 않을 것이다.

아이는 태어나는 순간부터 6살이 될 때까지 어른의 10년에 비길 정도로 한 해 한 해 엄청나게 빠르게 성장하고 변화해간다. 아이는 어떤 나이든 그 나이만의 사랑스러움이 있다. 두 살에는 두 살 때밖에 볼 수 없는 귀여움, 세 살이라면 세 살일 때밖에 볼 수 없는 귀여움이 있다. 두 살 때와 세 살 때는 전혀 다른 사랑스러운 모습을 보여준다. 어른의 20세와 30세 정도의 차이에 비길 수 있다.

아이가 자랄 때는 1년이 순식간에 지나가 버린다. 아이를 키우면서 놓쳐도 되는 순간이란 없다. 아이를 키울 때는 그 시절밖에 누릴 수 없는 사랑스러움을 충분히 맛보고 자식바보라도 좋으니 아이에게 넘치는 애정을 쏟아주면 좋겠다.

후회하지 않을 육아를 하자

'지금이라면 아이를 더 잘 돌볼 수 있을 것 같다'
'지금이라면 즐겁게 육아를 할 수 있을 것 같다'

자녀를 다 키우고 나서 이렇게 말하는 사람들이 많다. 이런 사람들은 아마도 아이가 어렸을 때 아이 키우는 기쁨을 충분히 맛보지 못했을 것이다. 아이가 어릴 때 아이의 사랑스러움을 충분히 느끼지 못하고 야단치기에만 급급했던 것을 아이가 다 자라고 나서야 후회하고 있는 것이다. 이 책을 읽고 있는 여러분들은 부디 그렇게 되지 않았으면 좋겠다.

지금 아들 키우기에 힘들어 한다면 20년, 30년 후의 당신을 한번 상상해보라. 당신은 아이가 어릴 때, 아이와 함께하는 시간을 충분히 즐기지 못한 것을 후회하며 옛날로 돌아가 다시 시작하고 싶어 할지도 모른다.

나중에 후회하지 않으려면 지금이라도 충분히 즐기기를 바란다. 아이를 돌보며 아이의 사랑스러운 모습을 충분히 맛보고 아이에게 듬뿍 애정을 쏟아줌으로써 20년, 30년 후 전혀 후회하지 않는 당신이 되기를, 아들과의 관계에 있어서만큼은 만족감으로 가득 찬 당신이 되기를 바란다.

5장 _ '별것 아닌 일'로 생각하면 육아가 편해진다

아들 키우기,
왜 이렇게 힘들까

지은이 | 하라사카 이치로
옮긴이 | 손민수

초판 1쇄 | 2020년 9월 14일
초판 3쇄 | 2022년 5월 20일

인쇄 | 금강인쇄

펴낸이 | 이진희
펴낸 곳 | (주)리스컴
주소 | 서울시 강남구 밤고개로 1길 10, 현대벤처빌 1427호
전화번호 | 대표번호 02 540-5192
　　　　　　영업부 02-540-5193
　　　　　　편집부 02-544-5922, 5933, 5944

FAX | 02-540-5194　　**등록번호** | 제 2-3348

이 책은 저작권의 보호를 받는 출판물입니다.
이 책에 실린 사진과 글의 무단 전재 및 복제를 금합니다.
잘못된 책은 바꾸어 드립니다.

ISBN 979-11-5616-264-3 13590

블로그
blog.naver.com/leescomm

인스타그램
instagram.com/leescom

유튜브
www.youtube.com/c/leescom

유익한 정보와 다양한 이벤트가 있는 리스컴 SNS 채널로 놀러오세요!